決算書は役に立たない！

経営計画
会計入門

牧口 晴一・齋藤 孝一◎著

中央経済社

はしがき

　世の中には，大きな誤解がまかり通っていることが少なからずあります。
　"会計"と言えば，直ちに「決算書」と思ってしまう誤解。
　つまり，会計＝決算書という，信仰とも思える程の誤解もそうです。

　決算書は，法律で定められた報告制度で，企業外部の税務署や株主に決算内容を報告する"義務"のために作成するものですから，そもそも，企業内部の経営者が自分の会社の経営管理のために使う目的では作られていません。

　決算書は経営者の成績表でもありますから，「過去」会計です。
　経営者やビジネスマンが自社の今後を考えるとき，つまり「未来」を考える際には，「決算書」は役に立たないのです。

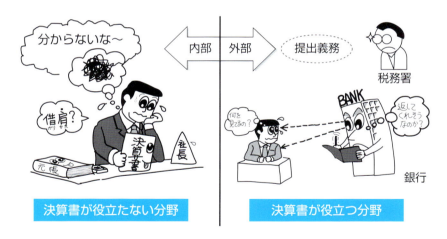

　ところが，世の中では「未来の決算」を計画するようなときでも，決算書の「過去会計」の考え方で計画してしまうのです。そうすると，もそも目的が違うのですから，上図のように「分からない」・「役立たない」となってしまうのです。

　もちろん，会計の中には，それを担当する分野がちゃんとあります。学問的

には「管理会計」と呼ばれる分野です。

しかし，決算書作成が法律で強制される「制度会計」として義務であるのに対して，管理会計は義務ではありませんから，日陰の存在です。

本書では，会計＝決算書という誤解を解くために，まず決算書と決別するところから始まります。むろん，決算書は義務ですから重要です。

ただ，経営者などのその会社の内部関係者が未来を考える時には，「百害あって一利なし」と肝に銘じて，料理に応じて包丁を使い分けるように，「目的に応じて道具を持ち替えて，こう使って下さい！」 これが本書のメッセージです。

経営者やビジネスマンが自社の未来を検討する際に役立つための根本的な考え方を，図解とイラスト・写真を多用し，さらに社長との対談形式で分かりやすく説いています。限界利益とかCVP分析とか言う難しい言葉も排除しています。

そこで，まずは「会計＝決算書」の呪縛から自由になっていただくために，「決算書は役立たない」ことを立証してまいります。

続いて，各章の扉にこのイラストを用いて，経営とは前を見て運転することの象徴としています。

そして，最初は，利益が決算書を見ている時と全く違うことを理解してもらいます。つまり，決算書では，利益は売上から原価や経費をドンドン差し引く，引き算で成り立っているのに対して，経営の上では，売上が単価×個数（客

数）の掛け算で成り立っていることから始まります。それ故に，それが利益に大きな錯覚を引き起こすことにも気付いてもらいます。

　こうして利益について一応の理解を得た後，最終章では，資金について理解して頂く入門を用意しました。

　利益が出ても，資金が不足すれば，倒産だからです。利益と資金のズレは企業規模が大きくなるほどに大きくなり，より運転は高度なものが要求されます。丁度，大きなトレーラーが左折する時をイメージするとよいでしょう。交差点に相当頭を突っ込んで，左折とは反対側の右にハンドルを切った後，やおら左にハンドルを切り返すのに似ています。
　高度な運転技術が必要です。徒歩や自転車といった小さなモノが方向転換するのとは訳が違います。

　この資金は，利益とイコールではなく，売掛金・買掛金・在庫といった運転資金，さらには設備投資で大きく経営者を錯覚に陥れます。

　本書は利益も，資金も，共に決算書では見えてこない経営計画のための会計入門です。一人でも多くの経営者・ビジネスマンが誤解や錯覚に気付いて頂くことを願っています。

　令和元年9月

　　　　　　　　　　　　　　　　　　　　　　　　　　　　　　著者

目　　次

第1章　決算書は役に立たない これだけの証拠

1. 経営計画書を県に提出で相続税が無税に！　4
2. 中小企業は決算書が作れない！　6
3. 決算書は誰のために作る？　8
4. 決算書は「過去」の成績を外部に報告するため　10
5. 決算書は「経営」の立場からは間違いだらけ！　12
6. 「経営」は掛け算，決算書は引き算　14
7. 個数に比例する費用と，比例しない費用を区別　16
8. 「経営」に役立つ会計で経営計画を作る　18
9. 条件を変えて，シミュレーションする　20
10. 「掛け算」の概念がない決算書では見えない　22
11. 「決算書の読み方」は役に立つのか？　24
12. 「決算書の読み方」の間違った方法を使うと…　26
13. 決算書では絶対見えない経営上大切な損失　28
14. 悪魔の「全部原価」でも適法な制度会計　30
15. 会計年度という「決算書」の最大の欠陥　32
16. 「会計」も道具　そして「道具」は2種類ある　34
17. ブースターの間違った使い方をすると……　36
18. バックミラー（過去）を見て運転をしてはダメ　38
19. まとめ……自由な「経営会計」での計画
　　 納税猶予に加え補助金ももらえる！　40

裏話　事例は，実は県に提出する中小企業庁の
　　　　 HPに載っているサンプルなんです　42

第2章　経営会計でシミュレーション

1. 「経営会計」は"経営のための会計"　46

2 「売上」は2要素で作られる　48

3 色々な要素をシミュレーション　P↘ダウンなら？　50

4 実務では複数の要素が関係する　52

5 デフレと少子化は何をもたらすか？　54

6 原価Vを10％値下げできたら……　56

7 数量Q↗で原価V↘　複数要素の同時変化　58

8 固定費Fのダウンは効果的か？　60

9 「利益感度分析」……どの要素が利益に貢献するのか？　62

10 原価率が低い商品の場合(1)　64

11 原価率が低い商品の場合(2)　66

12 サービス業の場合(1)　68

13 サービス業の場合(2)　70

14 赤字企業の利益感度は？　72

15 「利益感度」低いからこそ使う　ただし…　74

16 固定費Fの判断は普段の経営者の意思決定　76

17 戦略とは「何をやるか？」である　78

18 「利益感度」＋複数要素で損益分岐点を目指す　80

19 「売上原価」や「経費」は安い方が良いか？　82

20 良いか？　お客様の立場なら一目瞭然！(1)　84

21 良いか？　お客様の立場なら一目瞭然！(2)　86

22 アイテム（商品）の数はいくつか？　88

23 この「損益分岐点」って使えます？　90

24 損益分岐点「数量」は何個（何人）？　92

25 損益分岐点「P」は値引き限度を示す　94

26 損益分岐点「V」は仕入の高騰の限度　96

27 今まで，決算書以外は何もしてこなかったなぁ〜　98

28 まとめ＋αの図解　100

29 利益は現場で作られる　その受入体制は？　102

30 落とした「ザルそば」1枚の損失はいくら？　104

31 落とした「カレーパン」1個の損失はいくら？　106

|32| 様々な原価　外注費の見積原価？　108

|33| またも落としました！　しかも売れ残りました！　110

|34| 再びのまとめ……そして第3章へ　112

第3章　付加価値MQのアップ

|1| 経営は逆算である！　116

|2| まずは実際に数値を入れてみる！(1)　118

|3| まずは実際に数値を入れてみる！(2)　120

|4| 出た結果に対策をアレコレ・ジタバタ考えてみる　122

|5| 「となりのトトロ」（？）で「採算をデザインする」　124

|6| やはり，避けて通れない「難関への挑戦！」　126

|7| 重要なのは「付加価値MQ」の最大化　128

|8| 中小企業の我が社ごときにできるのだろうか？　130

|9| 思い立って方向を決める　だが見つからず　132

|10| 方向を決めた　しかし継続は貴方任せ　134

|11| 好き嫌いは表裏　嫌いでも欲求があれば何時かは　136

|12| 「やるべきこと」と「やってはいけないこと」(1)　138

|13| 「やるべきこと」と「やってはいけないこと」(2)　140

|14| 「やるべきこと」と「やってはいけないこと」(3)　142

|15| 飛んでくる矢！　多くは事前に分かっている　144

|16| 伸びる事業と衰退する事業　この機を活かせ　146

|17| 重力で「やる気」がヘタってしまう　148

|18| 何をやるべきか？　付加価値アップのために　150

|19| 新製品・新サービス・新業態の研究開発　152

|20| 何を開発すべきか？　真似ればイイ！(1)　154

|21| 何を開発すべきか？　真似ればイイ！(2)　156

|22| それでも閾値を超える努力が必要　158

|23| 付加価値アップへの更なる経営会計へ　160

|24| 購入頻度を増やすための適正な価格　162

25 単純に売単価Ｐを♪すれば　数量Ｑは↘か？　164

26 価格と価値の違い　166

27 固定費Ｆアップに気をつけろ！　168

28 開発は税額控除で大幅な特典を受けられる　170

第4章　儲かっても"資金"で潰れる

1 損益の計画だけでは実は動かない経営計画　174

2 貸借対照表も決算書だから役立たない？　176

3 会社を０から作ってみる　178

4 商品を現金で仕入れました　180

5 商品を現金で販売しました　182

6 給料を支払い１月を締切りました　184

7 同じような取引をするのに資金が変わる！　186

8 ２月も同様な取引が始まります…　188

9 掛け売りをしました！　波乱の幕開け！　190

10 給料を支払い２月を締切りました　192

11 ３月になり売掛金を集金しました　194

12 ３月の残りは１月と同じ取引をして締めた　196

13 在庫の発生で極端に複雑になる会計　198

14 在庫は売れ残りだから来月の資産にする　200

15 在庫があれば仕入れずに売る…　また妙なことに(1)　202

16 在庫があれば仕入れずに売る…　また妙なことに(2)　204

裏話　この本の作り方の仕掛け　206

17 売上原価のつかみ方　208

18 棚卸の仕方　現場の社員に理解させないと！　210

19 買掛金の登場でまたまたズレるが…初めは楽　212

20 １月〜５月と同じ取引をして６月の月次決算　214

21 先月の買掛金の支払いをする　216

22 ６月までと同じ取引を現金でして７月月次決算　218

目　次　9

23　パソコンを導入（自己資金で設備投資）　220

24　減価償却をする（初めての赤字！）　222

25　減価償却費はなぜあるのか？　224

26　黒字化めざして売上アップ　さぁ～どうなる　226

27　資金不足で買掛金復活して売上アップへ！　228

28　それでも支払日はやって来る買掛金　230

29　この調子ならイイぞ！　232

30　軌道に乗って来たぞ！　順風満帆　234

31　銀行に融資相談に行く　236

32　高級車購入のため1,000万円借り入れた！　238

33　翌月，念願の高級車を購入しました！　240

──社長が帰った「その後の物語」　242

あとがき　244

索　引　247

決算書は役に立たない！
経営計画会計入門

第1章　決算書は役に立たない　　これだけの証拠

経営者は企業の運転手
決算書を見ていても売上は上がりません。
前を見て，売上の3要素を上げるよう運転しない限りは……

本文中で使用している図解に関連する商標等は，次のとおりです。
・「MQ会計」「MQ戦略ゲーム」「企業方程式」「マトリックス会計MxPro」は㈱西研究所の登録商標です。
・「マネジメントゲームMG」「戦略会計」「STRAC」はマネジメント・カレッジ㈱の登録商標です。
・「戦略MG」は㈱戦略MG研究所の登録商標です。

1 経営計画書を県に提出で相続税が無税に！

　平成30年度税制改正で，中小企業は経営計画書を提出すると，自社株を後継者に贈与や相続をしても，実質非課税となりました。

　そこで，かねてから事業承継で息子に株式を渡した時の贈与税・相続税に頭を悩ませていたクリーニング業の安倍社長は，早速に経営計画書を作って新しく顧問となったK税理士に見せました。K先生の応接間に置かれた計画書に朝日が射してまるでスポットライトで照らしたかのようでした。
　その経営計画書は，要約すると，こう書かれていました。

5年間の経営計画

　1年目，本店のサービスを強化し，その看板設置，広告活動を行う。
　2年目，新サービスとしての「預かり業務」のため倉庫を手配する。
　3年目，駅前店も同サービス導入を検討する。
　4年目，駅前店の改装後，同サービス開始。
　5年目，新規事業（コインランドリー）で売上向上を目指す。

　計画書に目を通したK税理士は，一瞬ため息をつきながら…
　「安倍社長，良いでしょう。県に申請を行う経営計画書はこれでOKです。」
　「K先生，そうですかぁ！　中小企業庁のマニュアル通りに書いたので…」
　「そうですね。後は，私の方で指導・助言を一筆書いて出せば終了です。さらに来月には事業承継補助金の計画書を作りましょう！」

　社長は壮年ではあるものの幾分弛みの出てきた頬に安堵を浮かべて……
　「それでは，打合せのように，せがれに私の自社株の贈与をしますね。普通なら，巨額の贈与税がかかるところ，非課税でせがれに事業承継ができて助かりますわぁ～」
　「そうですね。正式には非課税ではなくて納税猶予ですから息子さんが経営を順調に続ける限りは納めなくても良いので，実質は非課税みたいなものです

ね。ところで，社長…」とＫ税理士は一瞬瞳を光らせて問いました。

「はい？」不安な時の安倍社長の癖で，右手で前髪をかき上げました。

「社長は，この経営計画で，５年目に『売上向上を目指す』と書かれましたが，その売上はいくらですか？」

「売上？　具体的な額ですかぁ？　そうですなぁ〜。現在の売上は月商1,000万円ですから…まあ，５年後ですから，倍の2,000万円といったところですかぁ〜」

「では利益は，いくらくらいになりそうですか？」

「り，利益ですかぁ？　う〜〜〜ん。計画に書いてないとダメですかぁ？」

「いや，県に提出するには，これで十分です。問題ありません。」

「良かったぁ〜冷っとしました。マニュアル通りに書きましたからね。」

「そう！　中小企業庁のマニュアルでは『書け』とはありませんからね。」

これって経営計画？

５年後の損益計算書

Ⅰ　売上高　　　＊＊＊？
Ⅱ　売上原価　　　＊＊？
Ⅲ　販売費管理費　＊＊？

営業利益　　　　＊＊？

「でも，先生，そうですよね確かに。利益の計画は必要ですよね。赤字じゃ〜ダメだから」

「そう！　社長は当然，今より増やしたいですよね。」

「そりゃ〜そうです。私達経営者はもちろん，社員にも給料をちゃんと上げた上で，喜んでもらいたいですから。」

しばし，事務所の天井を眺めたかと思うと，社長はやおら笑いながら，

「考えてみると，この経営計画書って変ですね。」

「社長！　その通り！　気付かれましたネ！」

Ｋ税理士と目が正面から合った社長は嬉しそうに，そしてキッパリと

「売上高も利益も無くても計画書としてOKだなんて。要は『頑張ります！』の精神論！　まるで戦争中の日本陸軍ですね。数字なしの机上の空論！　ですね。」

「ハハハ！　社長，凄いこと言いますね。しかし，まさにその通りです。」

朝日に照らされていた経営計画書がかすかに曇ったように見えました。

2　中小企業は決算書が作れない！

「いや，社長。実はそうではなくて，中小企業庁も数字を明確にした経営計画書を出させたかったんですよ。でも，残念ながら，中小企業の実態としては，それはできない。」

「へっ？　そうですか？」

「そりゃ〜そうでしょ。現に社長のところも，今期の予想売上高だって具体的に言えないでしょ？」

「うっ…確かに…。それなのに『5年先を書け』と言われたってねぇ〜」

思わず首をひっこめた亀のような社長には愛嬌がありました。

「特に中小企業は，社長のように経験・勘・度胸の，いわゆるKKDでやってこられた営業畑の方が多くて，数字は苦手。」

「営業無くして経営無し！　売らんと始まらんし，売れば何とかなるしね。」

「社長！　ところが，売れば何とかなるものでもないんですよ。」

「えっ？　そ〜ですか？　でも…」

「まあ，その事は少し難しいので，また別の機会にして（著者注：本書の最後で少し述べます。），ともかく数字は，奥さん任せ。しかしその奥さんとて，簿記も知らないので，現金出納帳だけ付けて後は会計事務所任せ…これが多くの中小企業の実態です。」

「だから決算書は先生んとこ任せ。」とジェスチャーでお手上げして見せた。

「ある程度の規模の会社では，経理に第三者の社員が入って"経理"はなんとかできるようになります。」
「ウチでも，経理係はいるけれど，彼女に概算の試算表はできても，ちゃんとした決算書は無理だね。」

「どうして決算書は経理係には無理だと思います？」
「そりゃ～先生，税務署が怖いし，銀行もちゃんとしているか疑うからね。」
「そうですね。特に税法は毎年のように改正されるから，専門的に勉強していないといけないですもんね。」

「それに先生，そこまでの実力者を雇ったら，ウン十万の給与じゃ済まんやろからなぁ～。経理は儲けにならん。先生んとこへ３万円払った方が安い！」
「アハハ！　なるほど。そりゃそうだ。」
「税務署との交渉も必要になるしね。なんせ『用心棒』だからね。」と言いつつ三船敏郎の真似か"いかり肩"の裃のように肩を揺らした。

3　決算書は誰のために作る？

「ところで，さきほど言われた『経理は儲けにならん』と言いつつも，それでも決算書を作る…その根本は何だと思います？」
「根本？　そりゃ〜やっぱり幾ら儲けたか？　はっきり知りたいしねぇ〜」
「でも，社長。それは社長ご自身が誤解されていますよね。」
「誤解？　違っているってこと？」
「はっきり言えばそうです。現に，社長は決算書なんて見なくても大体どれだけ儲かったなんて分かっているでしょう？」
「そりゃ〜そうだぁ〜。それでなきゃ商売なんぞやってられませんよ。」
「そして，私が作った毎月の試算表も，年に一度の決算書も，余り見ない。」
「うへぇ〜！　そこまでお見通しですかぁ。」社長の首がまたすぼんだ。
「いやいや，褒めているんですよ。社長は，お金さえ回れば，大体これ位は儲かったと分かって経営している。それは大正解ですよ！」

「あれ？　そうですか？　てっきり叱られると思いましたよ。」
「企業の経営は，車の運転みたいなものです。社長は車（企業）を運転（経営）して，事故の無いように乗客である社員やお客様や荷物を，行き先に届ける。そのために運転する。」

「確かに。その通りですね。」
　K税理士は，ハンドルを握るポーズをしながら「社長は，運転しながら，『時速は何キロか？』ってスピードメーターを見つめています？」
「そんなことしてたら，事故っちゃうよ！」
「そうでしょう。一々，細かい数字なんて見なくても，前を向いて運転していれば，今がどうか？　なんて大体分かりますよね。だから過去の数字である決算書なんか見なくても，進行方向を見つめている…」
「そうそう！　だから良いわけですよね！　先生」
「いいんですよ！　社長。それが経営。それでこそ経営者！」

「んで？　だからこそ，『何故決算書を作るか？』って？」
「そう。そこが大切です。」
　また社長の視線が天井をさまよい…「作らないと税務署が…」
「それです社長！　では，税務署は何故決算書を作れと言うのか?!」
「納税義務！　憲法ね」名探偵が犯人を見つけたように人差し指を立てた社長。

「ピンポ〜ン!!　その通り！　憲法30条があるから税務署に提出しなければならないんです。」
「出さないと捕まえられる！　強制的に…"署"が付く所は怖いねぇ〜」
「そう。そういう制度ですから，これを『制度会計』と言うんです。」

4 決算書は「過去」の成績を外部に報告するため

「しかし先生，法律でなくとも銀行にも決算書を出しまっせ。」

「社長，それは法律と言うよりも"契約"ですね。『お金を貸すから，毎期成績を報告しなさい。』となっていて，決算書を出さないと，全額一度に返済しなければならない。」

「なるほど！　確かに貸した方の身になれば当然ですよね。」

「つまり，重要なのは，税務署，銀行のいずれであれ，企業外部の利害関係者に，過去の成績を報告するために決算書を作るわけです。」

「そう言えば先生，上場会社は株主総会で株主という外部の利害関係者に出してますね。」

「その通り！　しかし社長，企業内部の人，すなわち社長自身は，余り決算書を見ていない。それは先程言われたように，見なくても大体わかるんです。」

「K先生。申しわけないけど，見ても分からないと言った方が正しいかも。

私もワカ社長の時から，これが苦手でねぇ〜。何十年も経ってしまいました。

ちゃんと勉強しないといけないですかねぇ〜。」

安倍社長の脳裏には右頁にあるような，決算書（損益計算書と貸借対照表）がぼんやりと浮かぶと，途端に苦虫を噛み潰したように左目をつむった。

続いて，K税理士は笑いながら言う。しかしそれは安倍社長には驚愕の一言でした。

「もちろん，決算書を読める方が良いに決まっています。しかしそれは決算書が正しければ…という前提です。」

損益計算書

株式会社 ＊＊　自令和2年4月1日　至令和3年3月31日

科　目	金　額	
【売上高】		
売　上　高		21,600,000
【売上原価】		
期首商品棚卸高	5,000,000	
当期商品仕入高	13,000,000	
期末商品棚卸高	6,000,000	
売　上　原　価		12,000,000
売　上　総　利　益		9,600,000
【販売費及び一般管理費】		
役　員　報　酬	3,600,000	
給　与　手　当	600,000	
法　定　福　利　費	700,000	
広　告　宣　伝　費	240,000	
接　待　交　際　費	600,000	
会　議　費	240,000	
旅　費　交　通　費	300,000	
通　信　費	200,000	
消　耗　品　費	300,000	
水　道　光　熱　費	200,000	
新　聞　図　書　費	120,000	
諸　会　費	60,000	
支　払　手　数　料	100,000	
車　両　費	200,000	
地　代　家　賃	1,200,000	
保　険　料	50,000	
租　税　公　課	30,000	
減　価　償　却　費	200,000	
雑　費	50,000	
販売費及び一般管理費合計		8,990,000
営　業　利　益		610,000
【営業外費用】		
支　払　利　息	60,000	
営業外費用合計		60,000
経　常　利　益		550,000
税引前当期純利益		550,000
法　人　税　等		200,000
当　期　純　利　益		350,000

> 過去1年間の売上から経費を引いて，利益をどれだけ稼いだか？

貸借対照表

株式会社 ＊＊　令和2年3月31日　現在

資産の部		負債の部	
科　目	金　額	科　目	金　額
【流動資産】	2,570,000	【流動負債】	320,000
現金及び預金	1,770,000	未　払　金	120,000
売　掛　金	800,000	未払法人税等	200,000
【固定資産】	800,000	【固定負債】	1,700,000
【有形固定資産】	600,000	長期借入金	1,700,000
工具器具備品	600,000	負債の部合計	2,020,000
【投資その他の資産】	200,000	純資産の部	
敷　金	200,000	【株主資本】	1,350,000
		資　本　金	1,000,000
		利益剰余金	350,000
		その他利益剰余金	350,000
		繰越利益剰余金	350,000
		純資産の部合計	1,350,000
資産の部合計	3,370,000	負債及び純資産合計	3,370,000

> 前期末時点で会社の財産と借金はどれだけあるか？
> 正味の純資産はどれだけか？

5 決算書は「経営」の立場からは間違いだらけ！

　安倍社長は驚いた。「えっ?!　先生，決算書は正しくないんですか？　つまり…我が社の決算書は"粉飾決算"なんですか？」

　「いやいや，適法です。決して"粉飾決算"なんかじゃありませんよ。つまり，外部の利害関係者である税務署や銀行に提出する目的に適合はしているので違法ではありません。ただ社長，つまり企業内部の人が決算書を見て役立つか？活かせるか？　という"経営"の立場からすると，『間違いだらけ！』なんです。

　狐に化かされたかのように，キョトンとする社長は，
　「でっでも，法律で『そうやって作れ』って言っているわけでしょう？」
　「確かに，そう規定しています。しかし，それは，その"法律の目的"からすると，そうやって作ることを規定しているに過ぎないんです。」

　「法律の目的？　って…税務署の目的は税金を取ることですよね。」
　「そうです。しかし無暗に取ることはできません。"課税公平"という大義があるんです。」
　「そりゃ～そうだよね。そうでないと納税者は納得しないよね。」
　「その課税公平となるように，世の中で使われている，これなら正しい利益が計算できるという"企業会計の原則"を基礎に置いているんです。」

「それなら会計学の学者がちゃ〜ンと論文書いているので正しいのでは？」
「ところが，企業会計の原則自体が，制度会計ですから，外部の利害関係者に役立つという目的で作られているわけです。」
「外部の利害関係者，大企業なら一般の株主ですよね。それから税務署に銀行…その人達に役立つ目的って何です？」
「株主だったら，経営者は株主が投資したお金をちゃんと運用して利益を出し，配当をくれるか？　株価を上げてくれるか？　を確認したいですよね。税務署は，不正に利益を減らして税金を誤魔化していないかを確認したい。銀行は，融資したお金をちゃんと返済できる会社か確認したい…等々ですよね。」

「でも，それは経営者だってそうですよね。」
「ところが，社長は先程言われたように，何十年も決算書を読めずに，また，読まずに経営してきたし，できてきた！　そうでしたよね？」
「確かに…。申しわけないけど，心底大切だとは思っていないわぁ。」
「私も残念ながら，そうなんです。現に，決算書を作って涙を流して感謝された経験は一度もありませんね。つまり，役に立っていないんです。法律で決まった義務を果たすために，苦手な書類を作ってもらった…ただそれだけ…」
「実は，ワシも…済みませんが。でもそうなら，何が間違いなんです？」

「決算書が経営のために決定的に欠けているのが，先程お話しした『過去』だということですが，その他にもいくつもあります。」と言ってＫ税理士は簡単な損益計算書を出しながら…

「この損益計算書のように『過去＝結果』として作成される制度会計の決算書では，売上高は一本で表示されて，後はひたすら引き算を繰り返して利益を算出します。しかも，なんとマイナス記号もないのに引き算をすることが当然のように…しかし，これでは"経営"とは言えません。ただの報告書です。
　ですから同じ売上高でも単価と数量の組み合わせによって利益は全く異なることすら分からないのです。ここは，具体例で見ていきましょう。」Ｋ税理士の語気が強まってきた。

6 「経営」は掛け算，決算書は引き算

「社長のお店『経済クリーニング』は，基本的には自社ではクリーニングをしないで，100％外注で，クリーニング工場に出していましたよね。」

「はい，親父の時代は自社で洗濯してましたが，時代の…経済の波ですわ。だから店名も"経済クリーニング"にしたんです。」

「ところで社長。"売上"とは何か分かりますか？」

「"売上"？　経理的には売上代金のことですよね？」

「"売上"とは何かを知らずして売上を上げることはできません。経営的には"売上"は3要素でできています。まずはその内の2要素を理解しましょう。」

「はい先生。」

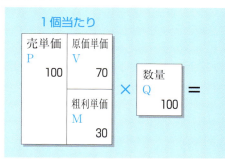

「簡単に暗算できるように，クリーニング1点の単価（プライス＝P）を100円としますね。それから消費税は省略しますね。このアルファベットは後に重要ですから，これも右図に書きます。

そして，クリーニング工場への**外注費**　（変動費＝V・バリアブルコスト）はどの位ですか？」

「そうですね。だいたい7掛けですから70円ってところですね。」

「そうすると1点当たりの儲け（マージン＝M）は30円ですね。簡単にするために，**数量＝Q**は1日100点を取り次いだとしましょう。」

「現実と少し違いますが，これならワシでも暗算でできそうですね。」

「ここまでで，決算書と大きく異なることにお気づきですか？」

「へ？　と言われても…先生。アルファベットかな？」

「それも後に影響します。当たり前過ぎますが，経営は掛け算だということ。」

「あ～そうだ！　損益計算書には，単価も数量も載ってませんよね！」

「1個当たりという概念があるのが"経営"ですよね。」

「まさに！　お客様とはそうして関わっています！」

第1章　決算書は役に立たない これだけの証拠　15

「そうすると，売上高は，売単価P×数量Qで表されますね。」

「先生，それが2要素ですね。簡単だ。100円×100個ですから10,000円。」

「では，売上原価は，V×Qですから…」

「70円×100個で7,000円。簡単，簡単！」とにこやかな社長。

「もう大丈夫ですね。粗利益のM×Qは，30円×100個で3,000円」

…と，畳みかけた後，一息ついたかのようにK税理士は，おもむろに，

「ここまでは，全てにQが掛けられてPQ，VQ，MQで，個数Qに比例する

んです。」

「分かります。」

「しかし，お店の経営では月々で他にも大きな経費が掛かりますよね。」

「はい，人件費や家賃や光熱費等々です。」

「それら固定費＝F（フィックスドコスト）が2,400円としましょう。すると利益＝G（ゲイン）はおいくらですか？」

「600円です。凄く分かりやすいですね。漢字ばかりだった損益計算書では社員に説明するのが大変でしたが，これなら分かってもらえます。」

「これはSTRAC（ストラック）と言うのですが，西順一郎先生が開発されたものです。」

（売上の3要素目は第3章で。）

売上高 PQ 10,000	売上原価 VQ 7,000
	粗利益 MQ 3,000

売上高 PQ 10,000	売上原価 VQ 7,000
粗利益 MQ 3,000	固定費 F 2,400
	利益 G 600

7 個数に比例する費用と、比例しない費用を区別

「何より、まずは社長が会計を"経営"に活かす上で役立てられます。」

「でも先生、1個当たりという個数の概念が増えて、図解になっただけじゃないですか？」と中々鋭いところを突いてくる安倍社長です。

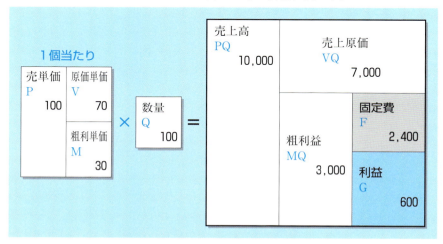

「ところが、違うんですよ。先程の話の中で、変動費と固定費という言葉が出てきましたよね。」

「図の中の売上原価VQが変動費で、Fが固定費ですね。」

「決算書では、これが明確に区別されていないんですよ。特に製造業では、固定費になるべき製造にかかる社員の給与が売上原価となる製造原価になるなど、無茶苦茶になっています。

商業やサービス業はかろうじて決算書を上図のように図解すれば使えるでしょうが、近年は製造業の要素を多く含んで…例えば、コンビニでも、キッチンで作ったりして、製造業が混じっています。レストランはサービス業ですが、大型化してくると中身は製造業と言えるほどですから要注意です。」

「そう言えば、損益計算書には変動費や固定費という区別はありませんね。」

「かかった費用は、引けば利益が出る　という考え方の決算書ですからね。性質で分けようという気持ちがないんですね。」

「なるほど！ そこでも引き算の性質が出てくるんですね。」

「左図のSTRAC（ストラック）も含めて，企業の内部の経営者に役立つための会計ですから，一応『経営会計』と読んでおきますが，法律に基づかない会計ですから正式な呼び名はありません。学問的には『管理会計』の一分野でしょうが，『未来会計』とか『戦略会計』と呼んだりする場合もあります。」

「すると先生，自由なんですね。」心なしか嬉しそうな社長。
「そうです。自社の経営に役立てば，どんな風にアレンジしても規制はありません。そこが制度会計との大きな違いですね。毎年の改正も無いし，勝手にやっても法律違反とはなりません。もちろん，決算書を作った上での話ですけどね。でも，経営会計は一旦覚えてしまえば費用はほとんどかかりません。」
「そりゃ〜イイ！ 制度会計では，会社によってやり方が違うと，外部の人が共通に理解ができませんものね。そして，経営会計と両方やるんですね。」

「自由な経営会計でも，最低限度のルールが必要です。その１つが変動費と固定費に分けることですね。下図のように費用を売上に比例するものと，基本的には１か月に幾らと，固定的に発生するものに分けます。」

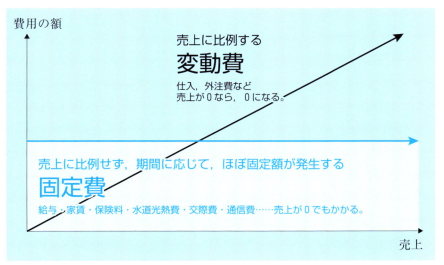

※「固変分解」など小賢しいことはしないことが重要です。

8　「経営」に役立つ会計で経営計画を作る

「では社長！　とにもかくにも，早速，経営計画を作ってみましょう！」
「えっ?!　そんなに直ぐに?!」ちょっと驚く安倍社長。それにかまわずK税理士は畳みかける。「そうです！　何と言っても経営会計は経営者の会計ですから，アイデアを思い付いたらテーブルナプキンに書いてでも，すぐに実行できるのです！」
「へぇ～！　それはありがたい！」

「先ほどの例は，100円で100個売って，固定費2,400円なら600円の利益『でした』という過去形でした。でも，経営会計では，未来の経営計画をシミュレーションする道具，ツールですから，『仮にプライスPを10％値上げしたら

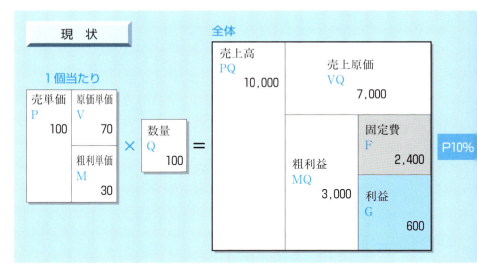

どうなるのだろう？』と自由に計算してみればイイんです！」
「社長！　プライスPが100円のところ，10％の値上げですから110円にするわけです。600円だった利益は幾らになると思います？」
「簡単ですね。600円の利益が10％アップして660円ですね。」
「そうですね！」と言うK税理士は，下を見ながらニヤッと笑っていた。

「それでは，数字を入れてみましょう。プライスＰが10％アップして110円に替わる。その他は，自動的に変わるもの以外は変わらないとすると…
　下図のように原価単価Ｖは変わらず70円で，粗利単価Ｍは40円ですね。」
「そうですね。当然です。」と平然としている社長。

「個数Ｑは100個ですから，売上高ＰＱは110円×100個＝11,000円。売上原価ＶＱは70円×100個＝7,000円で変わらず。粗利益ＭＱは40円×100個＝4,000円。」
　次に，Ｋ税理士の声が一段と高くなり「固定費Ｆは売上が増えても減っても変わらず2,400円ですから，差引の利益Ｇは1,600円！」
「あれ？　660円じゃないですね。３倍近くなる！」
「種も仕掛けもありません！」と言うと社長は目が点になっています。
「ど，どうして？」
「社長，凄いでしょう！　こんなに利益は上がるんです。」

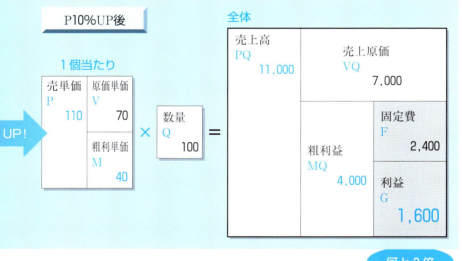

「へぇ～意外やったなぁ～！　でも値上げ10％は難しいかなぁ～」
「まあ～そう思うのが常識でしょうね。実はそうでもないのですが，それは後で（164頁）お話しすることとして…仮に値上げが無理なら社長はどうします？」

9 条件を変えて、シミュレーションする

「値上げが無理だとすとぉ…たくさん売るしかない！」

「そうですよね。Q（個数）アップです。ではQを10％アップして現在100個売っているのを110個売ったら利益はいくらになるでしょうか？」

「えっ?!　さっきと同じ1,600円とちゃいますか？」

「じゃ～図の中に入れてみましょう。まずは、1個当たりは変わりませんから P=100円、V=70円、M=30円で、Qだけ10％アップの110個とすると…右頁のように、売上高PQは11,000円、売上原価VQは7,700円、粗利益MQは3,300円となり、固定費Fは2,400円のままですから、利益Gは900円になります。」

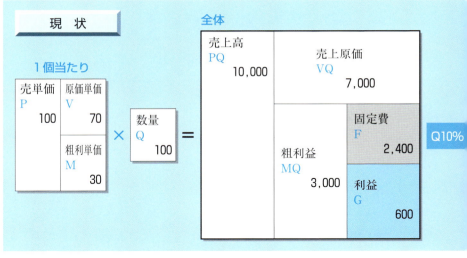

「あれ？　さっきの1,600円と違いますね。」

「そうなんです社長。何の要素を変えるかによって利益は異なるんです。ちなみに、前頁と右頁をパラパラ漫画のようにして、パラパラとめくるのを繰り返して、Pを10％アップしたのと比較して見てください。」

社長は楽し気にパラパラして比較すると「なるほど、なるほど…面白い。」

「そればかりではないですよ。2つの売上アップ作戦を比較してみると、売上高PQはどうですか？」

「両方とも，11,000円ですね！　こりゃ驚いた！」

「その通り！　売上高は同じなのに，売単価Ｐを10％アップすると利益は3倍弱まで増えて1,600円。それに対して個数Ｑを10％アップすると利益は900円で元の600円の1.5倍に留まる。」

「我が社の朝礼で，『今年度は売上10％アップで頑張ろう！』と号令をかけていたんだが…ちょっと見直さなきゃなぁ～」と苦笑する社長。

「先程から，ＰだＱだと，アルファベットが登場していますが，売上高と言わずＰＱと認識すると，これを上げるにはＰとＱの要素があるんだと気付いてブレイクダウンできますよね。この発想は制度会計の決算書では出ません。」

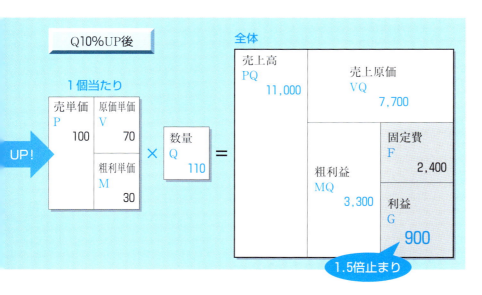

「確かに！　売上を上げると言っても，Ｐを上げるのかＱを上げるのか？」

「社長，そうです！　どれで行くのかを決めなければなりません。要は組み合わせですから…Ｐ↑Ｑ↓のブティック経営か？　Ｐ↓Ｑ↑のスーパーマーケット経営か，Ｐ→Ｑ↑もあるし，非常時には，Ｐ↓Ｑ↓だってあり得ます。また，Ｐアップは難しいので２％アップにとどめて，Ｑ15％アップにするとか…無限の組み合わせは要素で考える発想だから可能なんです。更に，ＶもＦも組合せができます。」(詳しくはもう１つの誤解を解いた後の第２章と第３章で)

10 「掛け算」の概念がない決算書では見えない

　「では社長。さきほどのP10％アップ作戦とQ10％アップ作戦が，御社の別々の店舗，たとえば新宿店と京都店のそれぞれの店別の決算書だったとしたらどうでしょう？　外注のクリーニング工場も違う遠く離れた店同士として，それぞれのお店の詳しい事情を知らない，オーナー社長である安倍社長が外部者として決算書で比較してみます。」

　　　　損益計算書

　Ⅰ 売上高　　　10,000
　Ⅱ 売上原価　　 7,000
　Ⅲ 販売費管理費 2,400
　Ⅳ 営業外費用　　　 0
　　　経常利益　　　600

　「ほ～っ。どうなりますかね？」

　「下図が新宿店，右頁が京都店とします。中身は，実はさきほど見てきたものですが，左図のような普通の決算書ですから，「１個当たり」と「数量」がなく，普通の損益計算書と同じ形式で，図になっているだけです。」

　「両方の店とも売上高は11,000円で同じだが，利益が1,600円と900円でエライ違うなぁ～」

　「そうですね。社長はそれぞれの店長を呼んで『両方とも人件費や家賃の固定費は2,400円で同じなのに，どうなっているんだぁ！』と怒鳴ります。」

　「アハハ，私ならやりそうですね。」

新宿店

売上高 PQ　11,000	売上原価 VQ　7,000	
	粗利益 MQ　4,000	固定費 F　2,400
		利益 G　1,600

　「社長は，京都店の店長に，『お前んとこは，原価が掛かり過ぎやで！　新宿店を見てみい！　原価は7,000円に抑えとる。だから粗利益が700円も少なく3,300円になっとるんや！』と叱る。」

　「なるほど！　多分，京都店の店長は『ほんまどすなぁ～。こりゃなんとか

第1章　決算書は役に立たない これだけの証拠　　23

せにゃ〜』となって，京都に帰って外注のクリーニング工場の社長を呼んで，『御社は高いで。も〜少し負からんかぁ？』なんて話になり…」と社長は苦笑い。

「外注と言っても大事な取引先です。**無茶を言えば道理が凹む**ということで品質を落としたり，取引辞退にもなりかねませんよね。」

「社長は，さきほどの計算をやったのでお分かりでしょうが，京都の外注は高いのでしょうか？」

「そらちゃうワ。新宿店は値上げして売上高PQを11,000円にして粗利益MQ4,000円を稼いだのに対して，京都店は土地柄か，値上げができず，数量アップでPQ11,000円を上げて，MQ3,300円を稼いだ。つまり，**たくさん売ったから当然，原価も掛かる**ということで，7,700円かかったわけですよね。」

「その通り！　恐らく会社の中の話なら，必ず外注工場の仕入れ伝票などを比較検討しますから，こんな茶番は起きないでしょう。しかし**決算書だけを見ている外部者に**はまったく分からない。

それは，私共，税理士だって同じで，単価なんて見ません。

それでも『**数字に詳しい税理士が言うので**』と……任せっきりのオーナー社長がわけも分からず，変な叱り方や，妙な意思決定をしたりすると，とんでもないことになりますね。」

京都店

売上高 PQ 11,000	売上原価 VQ 7,700	
		固定費 F 2,400
	粗利益 MQ 3,300	利益 G 900

「外部の税務署などは細かいことより，要は幾ら儲かったかだけですもんね。」

「社長ら，企業を**経営・運転している当事者しか分からない**ことが山のようにありますからね。それは決算書では見えてこない。まだまだありますが，これも掛け算が無くて，引き算だけの決算書の怖さです。」

11 「決算書の読み方」は役に立つのか？

　「先生，さきほどの，掛け算が無くて，引き算だけというのも宿命的欠陥でしたよね。」

　「そう！　欠陥ですね。経営者向けには欠陥そのものです。それでも，それは仕方が無いのです。何故なら，決算書の目的は，経営者の為の物ではなく…」K税理士の言葉を遮るようにして社長はピシャリと言い放ちました。

	経営会計（正式な呼び名はない）	制度会計
目　的	経営者が自社の経営に役立てる	外部利害関係者（税務署等）への報告義務
根　拠	何もなし！　自由 しかし，だからこそ　⬇	憲法の納税義務 会社法 金融商品取引法 所得税法 法人税法
多くは	面倒と思って，学ばない	義務だから渋々やる
少数は	果敢に勉強しようとし道を誤る ➡	決算書を必死に学ぶ
計　算	掛け算	引き算

何も知らず選択して…

　「外部利害関係者への法的な報告義務が目的ですものね！　アホみたい！」

　「いやまったくそうです。まずは経営者が，いや，全てのビジネスマンが，『決算書は経営に役立たない！』と気付く必要があります。」

　「ところが先生，本屋に行くと決算書の本が一杯並んでいて，ほとんどが，"決算書の読み方"の制度会計の本のようですね。どうしてでしょう？」

　「それは，法的根拠で強制されるか否かによりますね。義務ですから渋々でも皆が行う。すると需要が生まれる。税務もそれに右にならえですから。学者も会計の実務家もそれを学び，益々栄えるのが制度会計です。」

　「なるほど。それに比べて経営会計をやるのは義務ではないので，儲けたい

と思う経営者は独自に努力して学ぶ。それでも皆が学ぶわけではないから需要は少なく，それに力を注ぐ研究者も実務家も少ない。」

「一部のコンサルタントが高額な指導料で伝え，やる気のある経営者は独学で必死に学ぶのです。しかし，一般の経営者も数字に強くなって儲けたいと考えて本を手に取るのですが……」

「先生，分かりました！　その手に取る本が，本の海の中で，制度会計の決算書の本である確率はとても高いですね。」

「それに一般の経営者には，制度会計とか経営会計の区別はなかなかできま

せん。そもそも『経営会計』は確立した言葉でもなく，あえて学問的に言えば「管理会計」くらいでしょう。」

「そうなんだぁ～！」

「それぞれの本は良い本なのですが，恐らく読者全体が巨大な錯覚に陥っているのです。」

「身近な専門家である税理士に聞いても，K先生みたいな先生でなくて，税務署に出す制度会計が仕事ですもんね。」

「ハハハ，確かにそうですね。それに加えて，決算書というと簿記の勉強からしなきゃと思っている方も多いですよね。」

「そうそう！　わしもそう思っています！　いまだに!!　違うんですか？」

「それも大いなる誤解！　巨大な錯覚の虜ですね。経営者にとって決算書は役に立たないのだから，その役に立たない『決算書の読み方』に至っては，読む必要がないと言う結論になりますよね。」

「先生，まさに現代の"会計"は，経営からすれば"怪計"ですネ。」

「社長！　上手い!!」

12 「決算書の読み方」の間違った方法を使うと…

「社長，前頁のように混同した結果，使い方を間違えて経営に使うと誤りを犯すことがあります。その為，今度は少し実務らしく大きな数字でみてみます。」

「今度は使い方ですかぁ」

「今度は，決算書自体は右のように「変動費」と「固定費」に分けてありますので数字自体は正しいです。安倍社長が社長として今期の利益は１億円が必達という中，今日が決算日で，集計した損益計算書はこのようにピッタリ１億円を達成していて安堵していました。ところが…」

「ところが？」

損益計算書

Ⅰ 売上高　　　16億円
Ⅱ 売上原価　　11億円
　（変動費　　＋５円
Ⅲ 固定費　　　4億円
　経常利益　　1億円
　　　　　　　－５円

変換

「追加経費が発生してしまったのです！　強調するために，わざと小さい金額でいきましょうか。たった５円固定費が増えてしまいました！」

「しかし，それでは先生，利益が５円減って99,999,995円になってしまう！」

「社長その通り！　今期の利益は１億円必達ですから，困りました。」

「先生，これが実際だったら，『その５円は俺が出してやるっ！』ですね！」

「そうですね。だから強調しているわけです。ちゃんと経理するとしてね！さあ社長！　今日中に，元通り１億円の利益にしたいのですが，後いくら『売上を上げろ！』と命じれば良いでしょうか?!　これが問題です。」

「実務的によくやる命令が，『とにかく売って来い！』ですね。」

「それでは現場は動けません。と言うか，やる気になれません。『最低，これだけ売上が必要なんだ！』と科学的に指示したいのです。」

「科学的にネ。だから，この会社は売上16億に対して利益が１億，つまり売上高経常利益率は１÷16＝6.25％。つまり売上の6.25％が利益になっている。よって逆算すれば５円の利益を出すには，５円÷6.25%=80円。」

「社長，売上高経常利益率ですかぁ！　財務比率ですね。しかし見事不正解！」

「ダメかね。いつも財務比率を見て，決算書を分析しているのだがぁ～。」
「社長，財務比率の多くは，やはり企業外部者が使う比率です。例えば投資家が株式投資をしようとしてSONYの株とパナソニックの株のどちらかを買おうと迷っている時に，『この会社の経常利益率はこちらの会社のそれより良いなぁ～』と言う具合に使うものです。」
「比率重視だからなぁ～。経営は札束！ つまり"額"が命だものなぁ。」
「そう！ その通り！ 分かってるじゃないですか社長は。」
「でも，先生！ 実際に決算書を目にすると，つい違う物差しを出してしまう。」
「それだけ，制度会計に毒されていますからねぇ～。我々税理士も。」

「ところで先生，解答は？」
「目を覚まさせるために"四畳半"の図に変換してみると，左のようになります。これで見えてきますね。つまり，
　PQ売上高とG利益は"比例の関係"にありません。"比例の関係"はQが掛かったPQ，VQ，MQだけです。だから売上高経常利益率と言った比率を使うのは間違いなのです。」
「なるほど！ で？」
「利益は1億出したいなら，まずはそれを計画の利益として左図のように利益Gに①1億と置きます。次に②固定費Fは4億5円掛かってしまったので，③稼がないといけない粗利益MQは合計の③5億5円です。ところで，この会社は16億売ると5億儲かる会社ですから，逆算すると5円儲けるには，いくら売れば良いかは"比例の関係"ですから16円売れば良いわけですね。」
「16円？ 80円の5分の1！ とんだ間違った指示をするとこでしたぁ。」
「これが経営です！ 逆算です！」
(この設例は西順一郎著『新・人事屋が書いた経理の本』ソーテック社刊より)

13 決算書では絶対見えない経営上大切な損失

「社長，ここでちょっと気分を変えて，楽しいクイズを出しますね。」
「楽しい？ 先生，何か怖いですね。」
「あるそば屋さんの話です。雪のコンコンと降る閉店間際の午後8時前」
「先生，そんな寒い夜は暖かいそばが身に染みますよねぇ〜。」
「そう社長，私も食べたくなりましたよ。さて，店主は『もう今夜は閉めようか』と店員に言って2階に上がってしまいました。」

「私も飲食でサラリーマンしてたから分かりますが，店主からそう言われたら，そそくさと店じまいですね。」
「そうです。そんな経験がおありな社長ならお分かり頂けると思いますが，店員は真っ先に何をします？」
「そりゃ〜，"のれん"をしまうよ！ 客が入って来ると困るから…」
「そう！ 事件はそれを外した瞬間に起こりました！『済みませんが，暖かい掛けそば1杯ください。』とお客様がみえたのです。」

「『1杯の掛けそば』って物語かな？」
「そこで店員は何と言ったか？ これも経験ある社長なら分かりますね。」
「こう言います。『申しわけございません。種火もすっかり落としてしまい閉店なんでございます。またのご来店をお待ちしております。』ってね。」
「そう！ さすが！ 経験者！ 種火まで気が付くとは！ その通り，そうやってむげにもお断りしてしまいました。」
「やっぱりね！ そうだと思った。」

「さて，ここで問題です！ この閉店間際のお客様をお断りしたことによる損失はいくらでしょうか？」
「ぐっ!? それは考えてもいなかったなぁ〜。」と照れる社長。
「ちなみに，このそば屋さんの，1杯当たりの値段と原価は正式に計算する

と次のようになっていました…」

「ん？　何々？　一杯100円で原価が80円？　利益は20円…だから20円儲けそこなった！　…と単純ではないんだろうね？　先生。」

「仰る通りです社長。ポイントは2つあります。まず原価はいくらか？」

「原価って言ったって，正式に計算したら，こうだったんだろ？　80円って…」

掛けそば1杯当たり		
I　売り値		100
II　原価		
原価の内訳		
材料費	30	
人件費	20	
その他経費	30	80
III　利益		20

K税理士は人差し指を左右に振りながら「チチチチ…社長，もう制度会計の虜になっていますね。」

「あっ！　そうか！　変動費だけで考えるので原価は材料費の30円だけだ！　人件費やその他の経費は固定費だったから，注文を受けようが断ろうが変わらないんだ！」

「そう！　思い出されましたね。原価は経営会計では30円！　これを直接原価計算と言います。売上を上げるために掛かる費用は変動費で，それは直接かかる費用だからこう言われているんですね。」

「すると，制度会計での原価計算のやり方はどう言うんですか？」

「それは，全部原価計算といって，掛けそばを作るのに要した費用をぜ～～ん部合計して，作った数で割って，1杯当たりを計算するんです。」

「なるほど。で先生！　ポイントの2つ目は？」

「社長，原価30円ということは70円の損失。これを機会損失と言います。」

「チャンスロスやな。経営ではこれを出さないように苦労しとるんや。」

「では！　その経営にとって大切なチャンスロスは決算書に出ていますか？」

「うっ！　ない！　…これを出さんように教育や仕入れを必死にしとるのに！」

「何故，決算書，まあ～この場合，損益計算書ですが，それに出てない？」

「こんなに大事なのに…なぜ？　と言われても…法律に書いてないから？」

「その通り！　損益計算書は，売れた金額と，売れた分の原価，そしてそのために使った人件費や家賃を引き算して利益を出しさえすればOKだから！」

「何と言うことだ！　売れなかったことによる損失は全く見えないんだ！」

（これも詳しくは第2章の104頁で）

14　悪魔の「全部原価」でも適法な制度会計

「社長，前頁で出てきた"全部原価計算"は，制度会計で使う原価計算の方法です。これを経営で使うと間違った意思決定をさせてしまうことは分かりましたよね。」

「ところが先生，ワシには分からんことがあるんや。一体全体，何故こんな間違うような原価計算を制度会計では採用したんですかねぇ～？」

「社長，不思議ですよねぇ。ところがこれはとても常識的な判断でそうなったんですよ。**大きなきっかけは戦争です。**」

「戦争？　第二次世界大戦のことですか？」

「大雑把に言えば…特に日本ではそうですね。陸軍と海軍の計算方法の統一など歴史的な展開がありました。」

「何か大変なことになってきましたね先生。」

「例えば，社長の所が，三菱重工のような軍需産業を経営していたとしましょう。海軍から零戦100機の見積依頼が来たとします。」

「えらい，デカい話になりましたね。海軍さんから見積依頼が来たら，お国の為に頑張らないといけないですもんね。」

「そこで，海軍さんが，『社長！　お前の会社は技術が有る。それを見込んで，お国の為だから，ひとつ～無料で作ってくれ！』と言ってきたらどう言い返します？」

「『え～！　そりゃないですよ。お国の為とは申せ，利益はなくても良いですが，零戦100機も作るには鉄板から始まって材料を仕入にゃ～いかんし，工員に何か月も作らせにゃ～ならん。工員達も霞喰って生きとるんじゃないから給料は払ったらないかんし，機械を買わないとあかんので，せめてその費用を出してくださいな。』とでも言うでしょうね。」

「当然そうなりますよね。で，海軍さんはこう言うでしょ。『よし分かった。

その材料費・工賃・機械代などすべて出してやるから集計せい！』」

「なるほど！　そうやって原価計算の制度が完成してきたんですね。」

「そして，かかった原価を補償してくれるとなれば，作るためにかかった費用を全部集計するのが極めて常識的で誰も疑うことはないですよね！」

「そりゃ〜当然ですワ！　理論的にも合理的ですよね。」

「ところが，何機か完成したところで途中で集計することがありますよね。」

「100機製造中に，事業年度の期末になることですよね。」

「1機1機作るわけじゃなくて，流れ作業で作っているので，製造中の「仕掛品」が当然出てきて，その仕掛品にも材料費も人件費も工場の経費も掛かっている………。つまり，鉄板にしろ給料にしろ既に支払った経費だが，仕掛品は売れていないので，売上に対する原価（売上原価）にはできない。………すると，それらは，仕掛品という資産，つまり費用でなく，在庫として翌期に繰り越される。」

「段々，難しくなってきましたね。良く分からなくてもイイですか？」

「社長，もちろんです。詳しくは後（198頁）で再び話しますから…事実ややこしいことになって，『こりゃ〜何だか可笑しいぞ！』となってくるんです。」

「やっぱりね！　とても文系の頭じゃ〜付いて行けんですね。」

「重要なことで，次項にも関係しますので，著名なコンサルタントであった，故一倉定先生の著書の冒頭の極めて厳しい意見を引用しておきますね。」

『原価計算は，事業の実態を全く知らない観念論者のつくりあげたものであって，真実の姿とは似ても似つかない数字をつくりあげるという危険極まりないものである。

それにもかかわらず，深く広く企業に浸透して，大きな害毒を流し続けているのである。われわれは，まず企業の凶器ともいうべき原価計算を捨てなければならない。』

一倉定著　『増収増益戦略』　はしがき　日本経営合理化協会刊

15 会計年度という「決算書」の最大の欠陥

「社長，まだまだあるんですが，詳しくは後ほどとして，最後に決算書の最大な欠陥を知っていただきます！」

「最大？ それは気になりますね。何だろう？」社長の瞳に"？"が映ると…K税理士からは，ポイと…「会計年度です。」とあっさり。

「へっ？ 会計年度って4月1日から3月31日ってあれですか？」

損益計算書

株式会社 ＊＊ 自令和2年4月1日 至令和3年3月31日

科　　　　目	金　　　額	
【売上高】		
売　　　　　　上　　　　　　高		21,600,000
【売上原価】		
期　首　商　品　棚　卸　高	5,000,000	
当　期　商　品　仕　入　高	13,000,000	
期　末　商　品　棚　卸　高	6,000,000	
売　　　上　　　原　　　価		12,000,000
売　　上　　総　　利　　益		9,600,000
【販売費及び一般管理費】		
役　　　員　　　給　　　与	3,600,000	
給　　　　　　　　　　　与	600,000	

「そうです。では社長，何故，会計年度があるんでしょうか？」

「そりゃ～…今までの勉強から分かりますが，企業の外部利害関係者に定期的に報告する義務があるから…」

「社長，段々分かってきましたね。その通りです。定期的に報告しなければ納得してもらえませんよね。つまり，区切るわけです。学校の成績だってそう。」

「3年経って，『はい，卒業できません。』なんて言われたら困りますもんね。」と万歳のポーズをとるも，社長は半信半疑の顔。

「企業なら，3年梨のつぶてで，いきなり『潰れますぅ～』ではね。」

「でも先生，さすがに会計年度はどうしても必要でしょう。」

「では社長が，新卒社員を採用する時のことを考えてみましょう。新人は

中々戦力になりません。でも給与は高くないと採用できない。渋々採用する。」

「そ〜なんですよ先生。最低3年はかかるね。その間，持ち出しですわ！」

「そのくせ，新卒は平均3年で半数が辞める！　でしょ？」

「はらわたがにえくり返るね！　教育費返せって叫びたい！　3年で約2,100万。」

「そんなにまでして，何故社長は採用をするのですか？」

「そりゃ〜，会社の将来を担うのは若いモンだからね。」

「つまり，今の収益に貢献していないけれど，左頁の損益計算書の『給与手当』として全部経費に落としているし，税務署もそれで文句は言わない。しかし社長の経営上の頭では下図のように考えているわけです。」

経営者の頭の中の判断

事業年度	1年目	2年目	3年目	4年目	5年目	6年目	7年目…
売　上	100	100	100	100	100	100	100
先輩の人件費	60	60	60	50	40	30	20
新人の人件費	0	0	0	10	20	30	40
合計：売上のために必要な人件費	60	60	60			60	60
利　益	40	40	40	40	40	40	40

払っているが"勘定"に入れていない

「先生！　私の頭の中は，まさにこの通りです。1〜3年目は新人の給料等は支払っているが，その1〜3年の利益に貢献してもらおうなんて考えてない。4年目以降の戦力になってくれるようにと考えてます。」

「もっと大きな設備投資・新規事業・研究開発…前項の仕掛品すべて会計年度を超えた意思決定をしているのが経営者ですよねぇ。経営会計では自由です。経営学の世界的大家ドラッカー教授はこう言っています。」

伝統的な会計学の最大の弱点———暦のうえの一年が経済的にも意味と現実性をもっていると考える迷信（中略）"会計年度という暴君"から自らを解放しなかったならば，我々は決して合理的な事業経営を行うことはできないであろう。　　　『現代の経営』下巻112頁　ダイヤモンド社刊

「伝統的と言っていることに注意ですね。つまり法律で縛られた制度会計。」

16 「会計」も道具 そして「道具」は2種類ある

「ところで社長。"会計"も経営のために使う"道具（ツール）"であることに異議はないと思います。」
「もちろん，異議なし！ それだけに経営に役立ってもらわないと！」
「その道具に2種類あることは案外知られていません。」
「2種類？ 手動と電動？」とおどける社長にK税理士は笑いながら…
「道具は，この2種類があります！」

❶ 人間の能力に備わっていない能力を持つ道具
❷ 人間の能力に備わっている能力を拡大させる道具

「ほぉ～。面白い区分ですね先生。」
「❶の人間の元々持つ能力には備わっていない能力を持つ道具というのは，

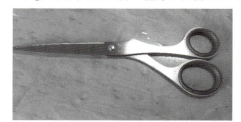

たとえばハサミです。人間のどこを探しても"切る"能力はありません。」
「オオ～確かに！ どんなに頭の切れる奴でも，紙1枚切れない！」
「飛行機もそうですね。これらの道具は，その道具を使いさえすればたちまちその効力を発揮します。誰でも飛行機に乗ればNYでもどこでも行けます。」

「違いない！ 馬鹿とハサミは使いようとは言うけれど，誰でもハサミを使えば，スパッと切れる！」

「一方❷の道具は，元々の人間にその能力が備わっているのですが，その能力を格段に拡大させる道具です。典型的なのは自動車ですね。」

第1章　決算書は役に立たない これだけの証拠　35

「そうですね。人間は移動できる。歩く，走れる，けれど車はそれを何百倍にも早く移動してくれる。人間は荷物を運べるが車はそれをたくさん！」

「パソコンもそうですね。計算する能力を飛躍的にアップさせます。」

「絵を描くのも演算の結果ですものね。」

「これら❷の道具は，それをただ使うだけでは，効果を発揮しません。また，それ故に使うのに練習が必要です。そうでないと間違った使い方をしてしまいます。」

「パソコンなんか，スイッチ入れただけでは，何もできない。ワードだけでも覚えるのに苦労しました。でも試験は要らないけれど車なんか，運転免許証がいるもんね。使い方を誤ると人を殺してしまったりする。」

「では社長！　"会計"という道具は，❶と❷のどちらでしょう？」

「ウッ！　…会計はお金などを計算する道具…ソロバンやパソコンと同じだから❷ですね。」

「ということは，❶の道具のように，使いさえすれば，たちどころに効果が現れるものでもない。❷の道具ですから，使い方を"能力"として学ぶ必要があり，正しく使うと"その能力を"格段にアップしてくれる"ブースター（拡大機）"なのです。」

❷ "会計"は社長に備わっている能力を拡大させる道具

17　ブースターの間違った使い方をすると……

「使い方以前に，まず❷の"能力を拡大してくれるブースター（拡大機）"の選択を間違えてはなりません。間違った使い方に直結します！」

「先生，そもそも目的が違うんですものネ！　制度会計は税務署提出用で経営会計は経営活用のためのもの！」

「社長その通りです！　税務署用の制度会計の方がメジャーで大物顔で闊歩していますから，ついついそれに騙されそうになります。」

「そしてブースター（拡大機）ということは，社長の能力を拡大するわけですね。つまり，社長が学ばなければならない！」
「そうです。使う人の能力を拡大するのがブースターです。正しい選択をし，正しい使い方をしないと，逆効果しか生みません。」
「ちょうど，能力のないセールスマンに車を与えると，彼は，"効率的"に喫茶店巡りしかしないですもんね。」
「社長，それは言えてますね！　さらに，折角学んでも，そもそも目的の違うものを学ぶと，その間違った知識を拡大してしまいます！」

「先生，どんなに正確な制度会計で，立派な決算書を作っても，間違いを拡

大して見るだけ！　恐ろしいことですよねぇ～。」

「拡大すべき元々の能力がないのを，拡大すると…さしずめ，色や解像度の高い８Ｋテレビで，放送終了後の砂嵐を見ているみたいなもの！　内容が無いモノをいくら高精細で見ても意味無し！」

８Ｋテレビで放送終了後の砂嵐を観る

「だから，経営会計という正しい道具を学び，それを拡大，つまり道具として活用するわけですね。」

「❷の道具は，一般的に汎用性の高い物です。つまり色々な使い道があるのです。パソコンや車は，何にでも，色々な用途に使える汎用性があります。それだけに，使い方を学ぶ必要があります。❶のハサミや飛行機以上にどのように使うかが問われます。」

「砂嵐を拡大しても砂嵐。」

「企業の中では，誤った考えに基づくソフトが組み込まれ，その誤った処理を超効率的にこなしてしまう…全部原価計算という誤った方法をテキパキと…。」

「間違いが拡大されてしまうんですね！　くわばら，くわばら～。」

18 バックミラー（過去）を見て運転をしてはダメ

「社長！　経営者はしっかり前を見て企業を運転することが必須です。それは誰のためでもなく，自分のため，自社のためです。貴方の背中…後部座席には，家族や従業員の一家，取引先の生活も掛かっています。もちろん，良い商品・サービスをお届けするお客様から頼りにされていますから，事故を起こしてはいけません。」

「先生，つくづくそう思います。責任重大ですよね。」
「後ろ向きは危険極まりありません。」
「先生，それは"ながら運転"ですものネ！」
「運転に，前を見て集中しなければなりません。」

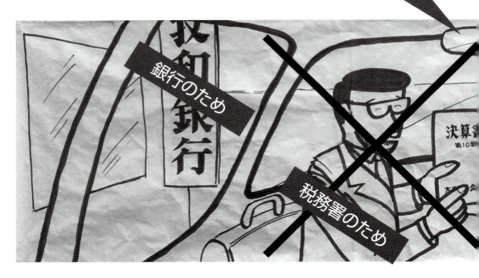

「社長！　決算書を読むなどの反省は，停まった時にすれば良いのです。しかも，それは，あくまで外部利害関係者への報告書を読む気持ちで，あるいは外部からはどう見られているのかを確認する程度のことです。」

「まともに読んでは，経営判断を誤らせることもあるということは，今日はとても勉強になりました。」

「社長が集中すべきは，これから先の未来です。企業というビークルの行き先，前方に迫る危機は無いか?! あればどう回避するか！」

「この絵のように目の前を乳母車を押している女性が，まさに横断しようとしている！ これは10m先の緊急事態ですよね！ 早く判断しなくては！」

「コントロールするには，車なら限られた方法しかありません。ブレーキを踏むか？ よそ見していて気付くのが遅れたらどうする？」

「先生，ブレーキよりも，ハンドルを切って横断する人の前後をすり抜けた方が良いかも！ ですね。」

「そう。自分の会社です。自分で運転できなくてどうする！」

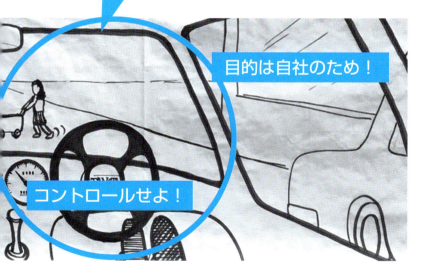

「先生が『コントロールするには，限られた方法しかない』と言われたのは，逆には救いですね。P・V・Q・Fの要素，少なくとも会計上はそれを管理すればできるということですものね！」

「そうです社長！ 脇見して決算書でも読んでボ〜っとしていたり，バックミラー見て『あ〜しまった！ どうしよう！』と変えられない過去を悔やんでいる暇はありません。」

19 まとめ……自由な「経営会計」での計画 納税猶予に加え補助金ももらえる！

　両手を広げたK税理士が「それでは社長，ここをまとめておきましょう。」
…と言うと，すかさず，社長は「先生に先にお渡しした"経営計画書"が恥ずかしくなってきましたワ」
　「ハハハ，あれはあれでOK！　県の認定は降りるでしょう。しかしそのままでは"絵に描いた餅"ですから，それを食べられる餅にするために，経営に役立つ会計"経営会計"で数字の入った経営計画を作りましょう！　すると，さらに補助金ももらえる可能性もあります。」

　「先生，ここはひとつ，私にまとめさせてください。」

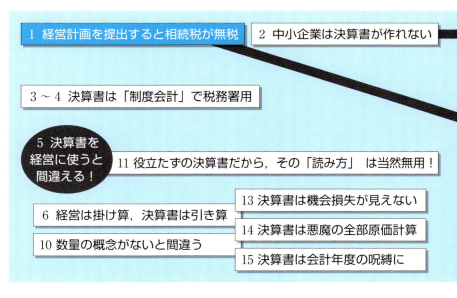

　「さすが社長。上図の番号は項目の番号ですので自由に配置してください。」
　「では，最初に事業承継税制で贈与税・相続税の納税猶予を受けるために，都道府県に提出する「経営計画書」だけでは絵に描いた餅ですから，上図のようにまとめてみました。
　すると，決算書はデメリットだらけだと確認できますね。何故なら，元々外

部に報告する目的のものを経営に使おうとするから副作用が起こってしまうんですね。こうして決算書はいかに役に立たないものだと理解する。しかし，それは法的には必要だから作らねばならないと割り切って…その上で，**経営者が会計というツール（道具）を自らの経営のために取り戻さなければならない**と考えるのです。」

「いやぁ〜実に素晴らしいです社長！　完璧です。」
「しかも先生，これまでは，経営計画作成には特典がなかったのが，相続税の実質無税や補助金のご褒美が付いてきたので，やる気になれます。」

「そうですね。一倉先生の言うように**全部原価計算を捨て**，ドラッカー教授の仰るように，**会計年度という暴君から解放してやって合理的な事業経営を目**

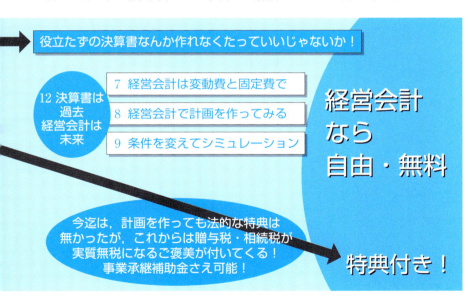

指しましょう。そこには，自由があります。創造性への広がりがある！
　相続税の心配のない企業も，経営計画を提出しておけば**成長の暁に特典を受けられる権利が取得できます**。また，納税猶予は使わず納税するという予定の企業も，とりあえず納税猶予を使い，いつでも納める準備をして，利子税０の延納として使うなど第３章でお話しする使い方で活用ができるのです。」

裏話 事例は，実は県に提出する中小企業庁のHPに載っているサンプルなんです

　この章の冒頭①に出てきた「経営計画書」は，実際に中小企業庁のホームページに掲載の見本である右頁の経営計画を要約したものです。

5年間の経営計画

　1年目，本店のサービスを強化し，その看板設置，広告活動を行う。
　2年目，新サービスとしての「預かり業務」のため倉庫を手配する。
　3年目，駅前店も同サービス導入を検討する。
　4年目，駅前店の改装後，同サービス開始
　5年目，新規事業（コインランドリー）で売り上げ向上を目指す。

たったこれだけ2枚です。物語にあったようにこれだけでは"絵に描いた餅"

様式第21　　施行規則第17条第2項の規定による確認申請書
（特例承継計画）

　　都道府県知事　殿　　　　　　　　年　　月　　日
　　　　　　　　　　　　　　　　　　郵便番号　＊＊＊－＊＊
　　　　　　　　　　　　　　　　　　会社所在地　＊＊＊＊＊＊＊
　　　　　　　　　　　　　　　　　　会社名　**経済クリーニング㈱**
　　　　　　　　　　　　　　　　　　電話番号　＊＊＊＊＊＊＊
　　　　　　　　　　　　　　　　　　代表　経済一郎 経済次郎　印

　中小企業における経営の承継の円滑化に関する法律**施行規則第17条第1項第1号**の確認を受けたいので，下記のとおり申請します。

記

1　会社について

主たる事業内容	生活関連サービス業（クリーニング業）
資本金額又は出資の総額	500万円
常時使用する従業員の数	8人

2　特例代表者について

特例代表者の氏名	経済太郎
代表権の有無	例：□有☑無（退任日平成30年3月1日）

3　特例後継者について

第1章　決算書は役に立たない これだけの証拠　43

| 特例後継者の氏名(1) | 鈴木一郎 |
| 特例後継者の氏名(2) | 鈴木次郎 |

4　特例代表者が有する株式等を特例後継者が取得するまでの期間における経営の計画について

株式を承継する時期（予定）	平成30年3月1日相続発生
当該時期までの経営上の課題	略
当該課題への対応	略

5　特例後継者が株式等を承継した後5年間の経営計画

実施時期	具体的な実施内容
1年目	郊外店において，コート・ふとん類に対するサービスを強化し，その内容を記載した看板の設置等，広告活動を行う。
2年目	新サービスであるクリーニング後，最大半年間（又は1年間）の預かりサービス開始に向けた倉庫等の手配をする。
3年目	クリーニング後，最大半年間（又は1年間）の預かりサービス開始。（預かり期間は，競合他店舗の状況を見て判断。）駅前店の改装工事後に向けた新サービスを検討。
4年目	駅前店の改装工事。リニューアルオープン時に向けた新サービスの開始。
5年目	オリンピック後における市場（特に土地）の状況を踏まえながら，新事業展開（コインランドリー事業）又は新店舗展開による売り上げ向上を目指す。

数値目標なしでも通ってしまう！

　全く情けない話です。JAL（日本航空）を倒産から救った尊敬する京セラの稲盛和夫会長はこう仰っています。

　日本では，それほど重要な会計というものが，経営者や経営幹部の方々から軽視されている。会計といえば，事業をしていく過程で発生したお金やモノにまつわる伝票処理を行い，集計をする，後追いの仕事でしかないと考えているのである。
稲盛和夫著『稲盛和夫の実学』　まえがき　日本経済新聞社刊より

第2章
経営会計でシミュレーション

決算書を見て脇見運転は危険！　前を向いて運転を！

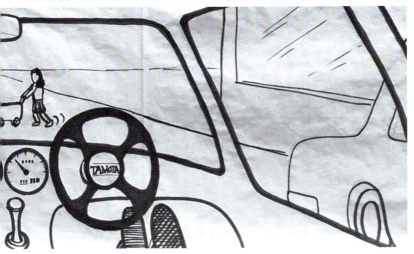

「売上を2倍にする！」というと，とても難しそうです。

しかし単価と数量に分けて，それぞれを何割かアップする組合せで容易に売上を2倍にすることができます。

その他，いろいろな方法を試すことが経営会計では可能です。

1 「経営会計」は"経営のための会計"

K税理士は，紅潮した安倍社長の顔を眺めつつ，これまでの第1章の意味を語りました。

「社長，実は第1章では，制度会計にのっとって作られた**決算書は役に立たない**ということを，売単価Pを10％アップした場合と数量Qを10％アップした場合を通して，理解してもらいました。」

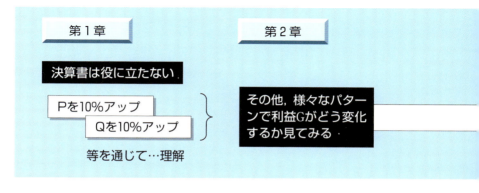

「そうでしたね。それで決算書は作れなくたって読めなくたってイイという自信のようなものが生まれました！ ありがたいことです。」

「社長，誤解してはいけませんよ。もちろん，読めた方が良いのです。でも**初心者は，それよりも…**と言うことネ。」

「はい。経営会計の勉強が進んだら，そちらもネ。」と言い舌を出す社長。

「ではここからは，経営会計そのものに入っていきます。しかし，既に**経営会計のノウハウ**の一端はお話し済みですね。

経営会計のノウハウ

❶ 変動費と固定費の区分
❷ 経営は掛け算である
❸ 1個当たりと数量の概念
❹ 直接原価計算を使う
❺ 会計年度を無視する

まとめてみると…❶変動費と固定費に分ける，❷経営は掛け算である，❸１個当たりと数量の概念がある，❹直接原価計算を使う，❺会計年度を無視する等です。」

「そうでしたねぇ〜。実はもう相当学んでいましたね。」
「これからは，P・V・Q・Fを色々変化させてみます。」
「先生，それで何が分かるんでしょう？」
「売単価Pと数量Qで見たように，利益Gに対する効果が分かります。」

利益感度分析　　　原価V・固定費Fも見てみる

アップばかりじゃない。売単価Pや数量Qがダウンしたら

複数の要素が変化。実務では１つだけの変化の方が稀

優先順位が見えてくる！　　損益分岐点が見えてくる！

「なるほど，効果的な方法を使った方が良いに決まってますもんね。」
「これを利益感度分析といいます。これで利益に対する優先順位が分かります。また損益分岐点も活用できます。」
「先生！　それらを使えば簡単ですね！」
「ところが，そうは問屋が卸さないのが現実で，難易度があるのです。」
「なかなか，すんなりとはいかないかぁ〜。」

「そこで，打つ手の段取りが必要になります。戦略や戦術を考える基礎になっていきます。それを飛び越える飛び道具も登場します。…がこれは後の話です。」
「何か，ワクワクしますね。」
「経営会計は"経営のための会計"ですからね！」（第３章参照）

2 「売上」は2要素で作られる

「社長に『"売上"と言っているから売上が上がらない』という話を第1章21頁でしましたね。"売上"でなく"PQ"と考えると売上はPとQの掛け算だと分かる。そこから色んな発想の展開が可能になる。」
「経営では"売上はPとQの2つの要素から成ると考える"ですね。」

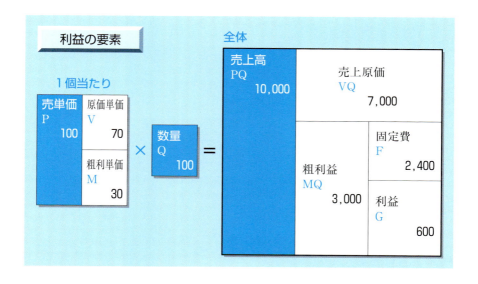

「P×Qは更に分解が可能ですが，それは後でお話しすることとして，順次理解して頂きたいので，この2つの要素で進めることにしましょう。」
「2つだけでも，組み合わせは色々ですものね。」
「そうです。売上を上げる方法は，数百万通りもあるでしょう。しかし，そのどれもPとQのいずれかをアップさせる方法でなければなりません。」
「一方を下げるとしても，他方を遥かにアップさせる…とかですね。」

「世の中には『売単価と数量の掛け算？ そんなことは知っているよ』と言う人が少なからずいます。まあ～有名な考え方ですからね。しかし，知識として知っているという人は多いのですが，ではどこまで実践できているかと言う

と，実に心もとないのです。」

「何か，ワシに言われているようで…」

「例えば，数量Qを増やす方法として，『3つ以上の方法を使っていますか？』とよく問うのですが，ほどんどが実践されていない。Pも3つ以上！」

「グッ！　その通りなんです。いつもの売り方を繰り返して…」

「数量Qの捉え方にはセンスが現れます。文字通り何個買っていただけるか？　にとどまらず，例えばQを客数と考えると，下図のように"1個当たり"は"1人当たり"になり，Pは"客単価"になります。」

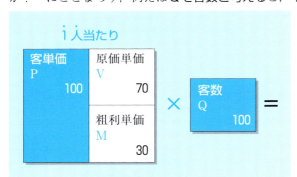

「なるほど。ところで先生，センスが現れるとは，どういうことでしょうか？」

「社員の行動に結びつくかどうかの心理のセンスですね。社員が行動を起こすのに見える単位が良いでしょう。つまり，社員には頭数の方が視覚化しやすいから，お客様に向けた行動，サービスが自然にできる。ガソリンスタンドでは数量というと"リッター"よりも"台数"でしょうね。」

「スタンドマンに見えるのは車体。業種によって大きく変わりますね。」

「これらは，売上を上げるという積極的意味だけでなく，リスク対策にもなります。もし1つの方法のPとQの方法でしか売上を作っていなければ，ある日忽然と壊れることがあります。」

「店舗販売だけでなく通信販売とかですね。う〜んそれでやっと2つか！」

（「売上」を構成する3要素目は第3章で登場します。）

3 色々な要素をシミュレーション　P↘ダウンなら？

　K税理士は，一息ついてから…「社長のお店の例題を第1章の6で下図のように説明しましたね。」

　それに応えて社長は…「まず，売単価Pを10％アップした場合と次に数量Qを10％アップした場合を8と9とでやりました。ありゃ～凄かったね。同じ売上高PQなのに売単価Pを10％アップした場合は利益が3倍近くの1,600になるのに，数量Qを10％アップした場合は1.5倍の900にしかならない！　驚きでした。」

　「更に進めてみましょう。要素はPやQの他にもありますが，アップできる場合とは限らないのが経営です。」

　「はい，むしろダウンしたときの影響を事前に知っておきたいのが経営者ですワ。」というと社長の眼は真顔になっていました。

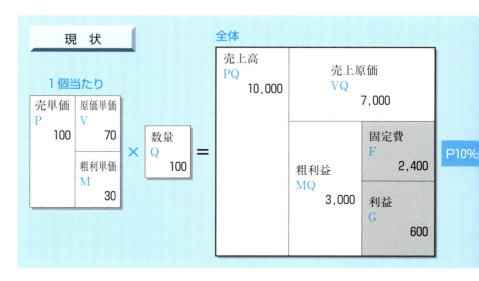

　「上図は現状です。ここで売単価Pが100円から10％ダウンして90円になった場合を見てみましょう。さっきまでの社長だったら600円の利益Gが10％下がって540円になると言いたいところでしょうが…」

　「先生，ちゃんと考えてみますね。Pが90円で，Vは70円のままなので，M

は20円。これを100個売るので，下図のようにPQは9,000円，VQは7,000円，MQは2,000円。固定費は2,400円のままだから…オオ！　何と400円の▲になってしまう！」

「社長こんな時，社員たちはどう考えているでしょうね？」
「そりゃ～もう，以前の私と同じように，利益Gも10％ダウンで540円と何となく勘で思うでしょうね。怖いねぇ～。」
「そうなんです！　『実際には，こうなってしまうんですよ。』と社員に説明し，かつ納得してもらわなければなりません。」

「先生，だから**売単価Pを維持することは大切**なんですねぇ～。」
「そうですね。**その教育にもなります**。このままでは固定費Fである給与を下げないといけない状態になる。それは社員の生活に直結します。」
「そぉかぁ～！　**安易な値下げは命取り**だなぁ～。」

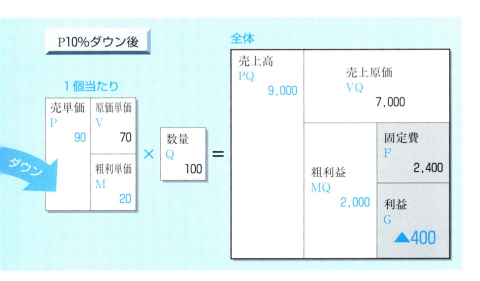

「でも社長。現実には値上げにも苦労しているんですよね。」
「そうなんですよ先生。なんとか売値のPを維持したい。できれば上げたい。」
「その秘策はありますよ社長！　でも，その前に他のことを学ばねば…」
「そうですか！　期待できますね。是非とも理解したいです！」（164頁参照）

4　実務では複数の要素が関係する

「20頁でお話ししたように，要素がいくつかあるとき，当然，複数の要素が同時に変わることがあります。むしろそれが当然ですらありますね。」

「そうか！　今までは，1つ1つの要素だけが変化した場合でしたよね。」

「社長，別々に見た方が，それぞれの要素の影響が明確に見えるからです。その結果，現状で600円だった利益はどうなりました？」

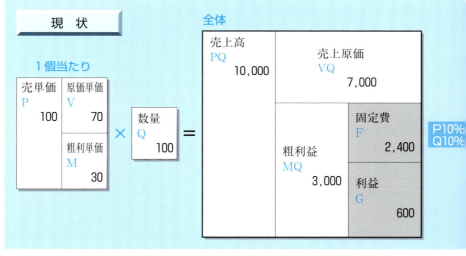

「Pアップの場合は1,000増えて1,600に，Qアップは300増えて900になり，Pアップの方が凄いと言うことに…」

「では，Pも！　Qも同時に両方ともアップしたらどうなります？」

「そんな嬉しいことがあったらイイですよねぇ～。無理ですよね。」

「無理でも何でも良いじゃないです！　自由なんですから。本当は実際にも可能ですが，それは後で（164頁参照）お話するとして，まずは計算！」

「そうでしたね。経営会計は自由なんだ。計算はドンドンしてみりゃ～良いわけでしたね。上図の"現状"のPを10％アップの110円にし，Qも10％アップで110個売ると，Pアップで1,000円，Qアップで300円だから，合計で1,300円アップだから，元の利益600円に加えて1,900円でしょうかね。」

「では社長，実際に下図でやってみましょう。」

「え〜と，売上高PQは，110円×110個=12,100円。売上原価VQは70円×110個=7,700円。粗利益MQは40円×110個=4,400円。固定費は変わらず2,400円だから…アララ！ 利益Gは2,000円じゃないですか！」

「はい！ その通り！ 1,900円じゃないですよね？ 何故ですか？」

「何故って？ 種も仕掛けもない下図の通りだから……でも不思議ですねぇ〜。こんなに儲かっちゃってイイんですかねぇ。」と思わず頬が緩む社長。

「社長，種明かしは右図です。Pの10％アップの効果だけなら，1,000円の利益増，Qの10％アップの効果だけなら300円の利益増ですが，同時に起こると

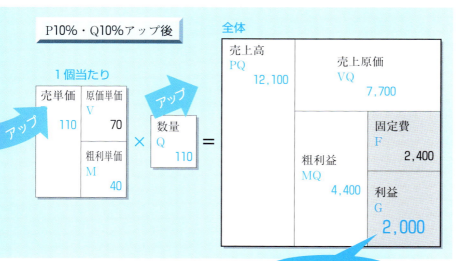

+αの部分が生まれるんです。これを"相乗効果"とか"シナジー"と言ってビジネスではよく使う美味しい部分です。」

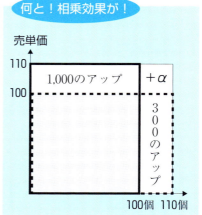

「『ご一緒にポテトはいかがですか？』とかいう奴ですね。確かに美味しい！」

「しかし，逆の場合はどうでしょう？ つまり両方下がった場合です。」

5 デフレと少子化は何をもたらすか？

　K税理士は，ふいに首をもたげて，「先の例は売単価Pも数量Qもアップしたため，相乗効果が生まれ，思った以上の良い効果が生まれた。しかし……」
　「先生，そうですよね。その逆が怖いです。」
　「3頁前の売単価Pだけが10％ダウンした場合を計算したら下図のように600の利益が10％下がるのではなく，一気に▲400の例をやったばかりでした。」

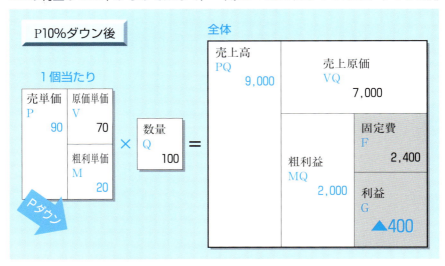

　「もしも，数量Qも10％ダウンしたら，もっと大変なことになるんでしょうね。にわかにイメージができませんが，さっきと同じように思った以上のことになるんでしょうね。」
　「社長，自由に計算してみればイイんですよ！　経営会計だから…」
　「とは言え，何か計算する前から怖いですよね。」

　「怖いと感じる。そのことが大切です。でも感じただけでなく，数字で確認して論理的に理解すること。これを繰り返して身に付けるのです。さあ！」
　「先生，右図でやってみます。売上高PQは90円×90個＝8,100円，売上原価VQは70円×90個＝6,300円，粗利益MQは20円×90個＝1,800円，固定費は変わらず2,400円だから，利益Gは▲600円…おや？　意外に減らないですね。」

「何故，そう感じるんでしょうね社長。元の利益G600が▲600ですから1,200の減少。社長が意外に減らないというのは，相乗効果がマイナスに作用するためで，"減る分が減る"つまり減らないことによるものです。

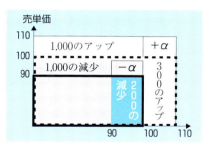

Q10％ダウンで本来は相乗効果の図で見ると300減るところが200減少で済んでいる－aがあるのです。」

「そうですか。しかし先生，1,200の減少の内，左頁のようにP10％ダウンで▲400になり1,000の減少ということは，ここでも売単価Pの影響の大きさが分かりますね。」

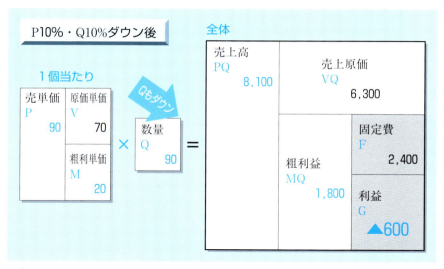

「その通りです。計算の順序でそれぞれの要素の影響額が若干動きますが，結果的にはそうです。しかしここで重要なのは，現在の日本で起きていることは，まさにコレなのです。」

「ほぉ～！　失われた20年とかいう奴ですかぁ。」
「さすが社長。そうです。現在はデフレが続いています。そして少子化が進んでいますよね。デフレは売単価Pのダウンですし，加えて少子化による個数Qダウンが同時発生しているのです。」

6　原価Ｖを10％値下げできたら……

「ところで先生，他にもＶやＦの要素がありますよね。」

「そうですね。それらの要素についても検討する必要があります。しかし，結論から言えば，より大きな視点からすると，ＰとＱが超重要なのです。41頁でみたように，経営はＰとＱのシミュレーションなんです。」

「そ〜ですか。少し分かる気がします。経験からだけですが…」とほんの少し照れる社長。（この点に関して稲盛和夫氏の言葉163頁参照。）

「それは，後でお話しするとして，まずはＶとＦを見ていきましょう。」

「他にも粗利単価のＭと利益Ｇがありますが見なくていいのですか？」

「それらは，差額の概念，つまりＭはＰ－Ｖですから，直接は見なくてもイインです。しかし，後でお話ししますが，無視して良いものではありません。」

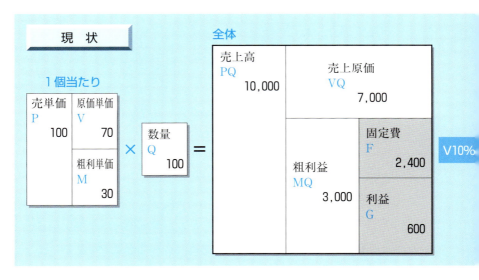

「では先生，ともかく，自由ですから計算してみますね。」

「そうそう！　社長，その心持ちが大切です！」

「まず，上図の原価Ｖ70円が10％ダウンすると，右図のように63円になり，粗利の単価Ｍは，37円になる。すると売上高PQは100円×100個＝10,000円，これは変わらない。売上原価VQは63円×100個＝6,300円，粗利MQは37円×100

個＝3,700円，固定費Fはいつもの通り2,400円で変わらないので利益Gは1,300円。つまり，利益Gは600円から1,300円にアップする…ほぉ～なかなかですねぇ。」

「つまり社長。売単価Pの10％アップの時は，600円だった利益Gが1,600円になるよりは効果は薄いけれど，個数Qの10％アップした時の利益Gの900円よりは効果的ですよね。」
「"利は元にあり"って昔から言いますからね。」と，したり顔の社長。
「しかし，その諺を悪く使うというのが，これまた昔から多いのも事実ですね。」
いきなりヤクザっぽく「違げぇねぇ～！　下請けいじめですねぇ～。」
「社長のところは，外注のクリーニング工場をいじめていませんか？」
「ウチは逆ですワ，先生。原油値上げの影響で値上げ要請がしょっちゅう！」
「じゃ～，その原価Vが逆に10％値上がりした時のシミュレーションは？」

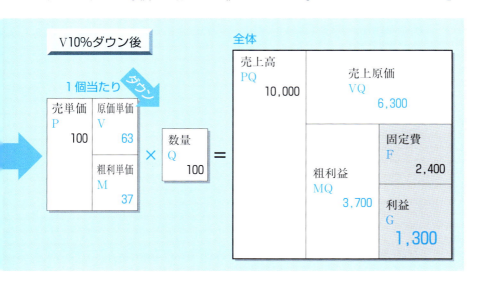

「やりたくもない計算ですが，自由で無料だからやってみますね（笑）。つまり現状原価V70円が10％アップして77円になると，粗利単価Mは23円，すると粗利益MQ＝23円×100個＝2,300円で，固定費Fは2,400円だから，あ～▲100円に転落だ！　こっちにも悲しいほどに効果的だぁ～！」

7 数量Q↑で原価V↓ 複数要素の同時変化

「でも社長，逆の余地もありますよね。」すかさず社長は「と言いますと？」
「社長，第１章で数量Qの10％アップをやりましたが，あの場合は**単独でQを10％アップした理由**は，何でした？」
「覚えてますよ先生。１つひとつの要素の影響を純粋に見るためですね。」

「その通り。実務では複数動くことの方が多く，数量Qを10％アップするのなら，恐らくは仕入先に行って交渉するでしょう。」
「ワシなら『御社の商品を10％余分に売るんですから御社も得なので，ここはひとつ値段を…』」と揉み手のジェスチャーはさすがに社長らしいポーズ。

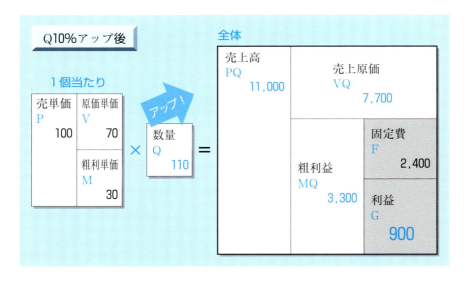

「社長，上手いですね。そうです！ するなと言ってもする交渉でしょう。」
「仮に**原価を10％ダウンできて63円**，粗利単価Mはそのまま30円とすると，売単価Pは合計ですから97円となり，３％ダウンが実現できます。すると，上図と同じMQ3,300で利益G900も達成が容易になりますね！」
「社長，もっと頭を絞ることも可能ですよ。原価Vを10％ダウンの63円にで

きて，売単価Pはブランドを堅持して100円，すると粗利単価は37円。」
「先生凄い！　すると下図のように，売上高PQ＝100円×110個＝11,000円，売上原価VQ＝63円×110個＝6,930円，粗利MQ＝37円×110個＝4,070円，F＝2,400だから，利益G＝1,670円！」
「そう！　これまでの最高記録のPだけ10％アップした時（19頁）の1,600円を超えますね！」
「しかも，売単価の値上げじゃないですから抵抗感がなく実現できそうです。」

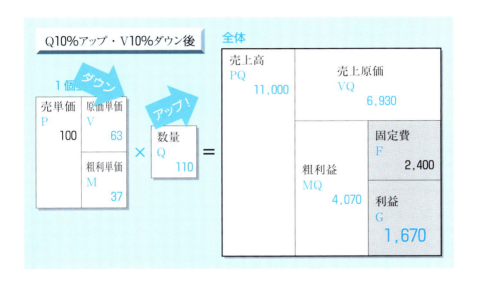

「もちろん，実務的には仕入先交渉で10％ダウンは簡単ではありません。例えば，4％ダウンの67円で交渉できたら…粗利単価Mは33円で粗利益MQは33円×110個＝3,630でF2,400を引いて1,230円でも左頁のG900より良い。」
「こうして**試行錯誤するんですね。何だか楽しくなります！**」

「そう！　こうして楽しく経営計画が組み立てられます。**工夫は無限大**です。例えば，目標達成のために，広告費100円を使うとすると，固定費Fが100円増えて2,500円になって，そのままでは利益Gが100減るだけですが，さらに数量Qのアップが見込めるなら…と。**縦横無尽に使いこなして欲しい**ですね。」
「おお！　いよいよ最後の要素，固定費Fですね。」

8 固定費Fのダウンは効果的か？

「そうです社長，いよいよ最後の要素の固定費Fです。固定費，つまり経費の節約は多くの経営者が口に出しますよね。」
「ワシの会社でも，張り紙がしてあります。節約は大切ですものね。」
「ところが社長。**一概にそうとは言えないんですよ。**」

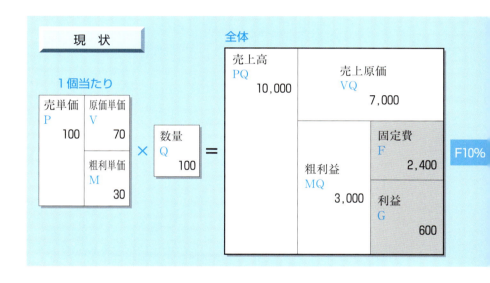

「しかし先生，固定費Fを10％下げて2,160円になると，利益Gが840円になりますよね。」
「600円の利益が，固定費Fを減らした240円分と同額増えるだけなんです。」
「確かに先生，利益は増えていますが，**今までの中で一番寂しい**ですね。」
「その通り。何故か？　と言えば，ここは引き算の効果だけだからです。」
「なるほど，**経営会計の神髄の掛け算で，効果が掛け合わされない**んですね。」

「そうなんですが，社長。しかし見方を変えれば，気付きが一杯ですよ。**見た目は確かに掛け合わされいません**。ここは重要な点です。」
「と言うことは…見た目じゃなくて，実質ですね。う～～ん難しい。」

「ヒントを出しましょう！　固定費Fを支出したら，あるいは，削減したら，売単価Pや個数Qに良い影響を与えるかどうか?!　です。」

「なるほど，前項の最後に出てきた広告費100円を支出すると固定費Fは増えるけれど，それで売単価Pや個数Qに良い影響を与えるならば良い支出ですね。」

「その通り！　ですから，良い影響を与えない，つまり売単価Pや個数Qを増やす効果がない支出であれば削減すべき固定費ですね。」

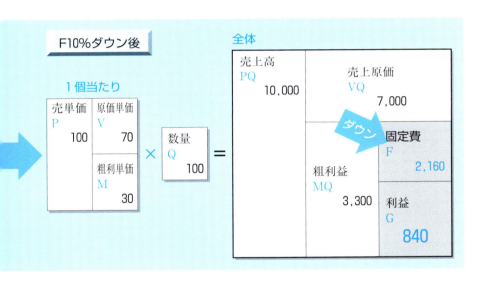

「固定費FがPやQに良い影響を与えているか？　ですね。」
「しかも，その時，"会計年度を無視する"ことが必要です。」
「分かります！　これは経営者ならピンときますね。新入社員への給与は今年のP・Qにはほとんど影響を与えない。むしろ，単純に利益Gを減らすだけ！　しかし，果敢な投資をしなければ，翌年以降の企業がない！」
「さすが！　経営者は，その辺り，経験と勘でお分かりですね！」
「照れますですね。」

「さて，最後の要素を終えたので，各要素の効果をまとめましょう。」

9 「利益感度分析」
……どの要素が利益に貢献するのか？

　「これまで，P・V・Q・Fの各要素をそれぞれ10％変化させて，利益Gに対する効果を見てきました。それを一覧表にすると，こうなります。」

優先順位	要素	600円の利益がいくらになったか？	利益感度
1	P（売単価）	1,600円	2.67倍
2	V（原価単価）	1,300円	2.17倍
3	Q（数量）	900円	1.5倍
4	F（固定費）	840円	1.4倍

＊原価率が低い会社や赤字の会社は利益感度が変わります（次項10以降参照）

　「これで，よ〜く整理ができます。イイ表ですね。ところで“利益感度”の例えば2.67倍はどうやって計算したのでしょうか？」
　「元の600円の利益が1,600円になったので，1,600÷600＝2.67倍です。」
　「なるほど，600円の利益Gが2.67倍の1,600円になるってわけですね。」
　「さぁ〜社長，そのイイ表をどう使われますか？」

　「実現可能性は別にしても，同じ10％の努力をするなら，上記の優先順位に従って…でも，単純に値上げすれば客離れを起こしますねぇ〜。」
　「そこで社長は，普通では当然，何らかの付加価値を付けなければなりません。何かしらのアイデア，その実践のための投資が必要になります。」
　「結構，難しいですし，時間も掛かりますよね。」

　「理想的には売単価Pアップですが，簡単にはいかないとしたら，次善の策を考えるというのも一考でしょう。それは何ですか社長？」
　「すると原価単価Vの引き下げですね。これは一般的にはお客様よりはやりやすいですよね。しかし，仕入先の方が大きい会社という場合が多くて，これとて簡単ではありません。」
　「ハハハ，この結果，普通の中小企業は数量Qアップの方策にたどり着くの

が普通なんですね。自分だけでの努力できる要素だから…。」

「う〜〜ん。先生その通りです。結局ここかぁ〜。そして，次の固定費Fダウンも自分の裁量でできる部分が多いので，これをやるってことですね。」

「しかし社長。それは同業他社と何ら変わりません。差別化できていません。他社ができないことをやらなければ！」

「そうなんですよねぇ〜。分かっちゃいるけど…」と苦笑いの社長。

「利益感度分析は，利益を上げる難易順とも言えます。だから普通は容易な下から頑張ってしまう。」

順位	要素	困難度	言いわけ
1	P（売単価）	2.67倍	客離れ・時間と費用が掛かる・アイデアが浮かばない
2	V（原価単価）	2.17倍	仕入先の方がエライ会社
3	Q（数量）	1.5倍	これしかないかぁ！
4	F（固定費）	1.4倍	これはできる！

「ですねぇ〜。まったく。情けない。」

「そして社長達の言いわけが始まります。『〇〇だから仕方がないんです』と，この〇〇の中には，大抵は業界の常識が入ります。その常識を破れるところに革新があり，付加価値があります。現に，この本であっても，そうです。常識打破です。」

「分かります！　分かります！　私もまさにそう言いわけしていましたから。」

「『だから仕方がない。』と考えるなら，『だから今まで通りの低収益でイイんですよね！』という諦めにもつながります。」

「多くの経営者は，仕方が無くそうなっちゃうんですよねぇ〜。」

「この結果，固定費Fが削られ，その中には将来の売単価Pをアップするはずの研究開発投資・教育研修費・昇給などが潰されてしまう。」

「本当に，本末転倒なんですね。反省です。」

「これについては第3章で詳しくお話ししますね。」

10 原価率が低い商品の場合(1)

「社長。今までの数値の設定よりも原価率の低い企業を考えてみましょう。」
「ウチで言うと，自前のクリーニング工場でやる場合や製造業ですね。」
「そうです。下図では原価単価Vが20円になって，粗利単価Mが80円です。

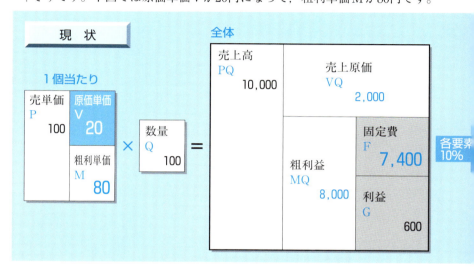

今までとの比較のために，利益は同じく600円になるように固定費Fを7,400円としてみました。」
「粗利益率80%ですね。一見高そうでも工場の人件費や経費は全て固定費Fに入っているわけですから，そんなものですね。」

「社長，さすがですね。一般的に原価率が低い…逆に言えば，粗利益率の高い業種は，固定費も高くなるものですから，この設定は間違いではなく，十分説得性があります。」

「先生，この上図が"現状"なんですね。」
「この"現状"で各要素を10%それぞれ努力して頂くと利益Gはどうなり，利益感度分析はどうなるか？ 右図で見てみましょう。」

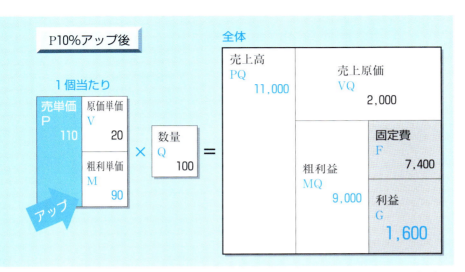

「先生，売単価Pを10％アップした場合は利益Gが1,600になり，原価率が80％だった前の事例と同じなのに対して，下図の原価単価Vの10％ダウンでは，利益Gは800で，6の事例（57頁）では1,300でしたので，大きく異なりますね。」

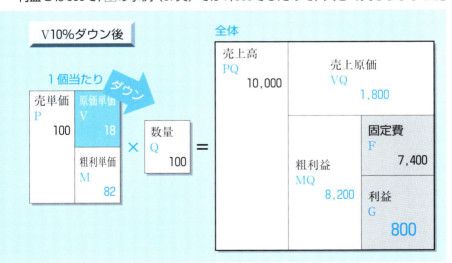

「売価に対する構成比が相対的に低くなるので，重要度が減るわけですね。」

11　原価率が低い商品の場合(2)

「先生，下図の数量Qのアップは，凄いですね。利益Gは1,400で，7の事例

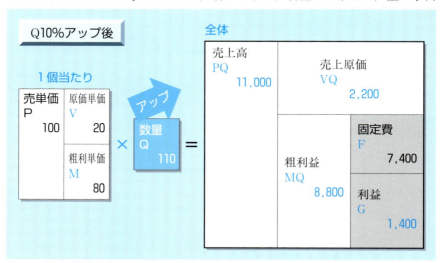

(58頁)の時の900を大きく超えています。下図の固定費Fのダウンも8の事例
(61頁)では840でしたから，大きく利益が増えています。」

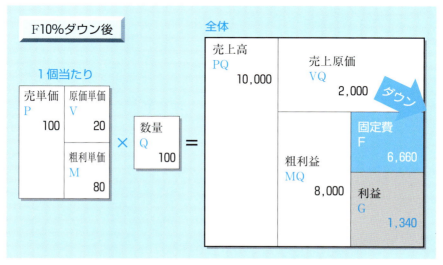

第2章　経営会計でシミュレーション　67

「では社長，これで利益感度分析表を作ってみたのが，下表です。」

「わおぉ～！　順番が入れ替わりましたね。⑨の事例（62頁）ではV（原価単価）が2位だったのが，いきなりドベ！」

原価率20%

優先順位	要素	600円の利益が いくらになったか？	利益感度
1	P（売単価）	1,600円	2.67倍
2	Q（数量）	1,400円	2.33倍
3	F（固定費）	1,340円	2.23倍
4	V（原価単価）	800円	1.33倍

「前の利益感度分析を下図に付けて比較すると…歴然ですね！」

「ほんとだ。これは面白い。」

「そして社長。難易度も利益感度分析と同じで，上位ほど実行は難しい。つまり原価率が低い場合は，多くは製造業ですから，自らの工夫ですからやりやすいわけです。」

⑨の事例（原価率70%）62頁の再掲

優先順位	要素	600円の利益が いくらになったか？	利益感度
1	P（売単価）	1,600円	2.67倍
2	V（原価単価）	1,300円	2.17倍
3	Q（数量）	900円	1.5倍
4	F（固定費）	840円	1.4倍

「う～ん，先生。大きい仕入先企業にペコペコしなくてイイもんね…」

「でも，製造業でも下請けで原価率が高いと結局ペコペコですよね。」

12 サービス業の場合(1)

「それでは，原価0，つまりサービス業にいってみましょう。」
「これは先生の事務所ですね。」
「社長の所のクリーニング店でも，経営計画書に書いた"預かりサービス"を

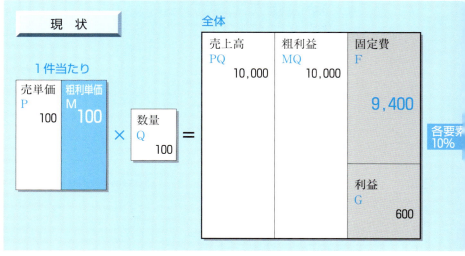

無料とせず，1つの商品とすればサービス業になりますね。」
「そうかぁ〜。あの計画書にはそれすら書いて無かったんですもんね。今は競合店との関係から無料ですが，先生の言われるように，それ自体を商品とする道もありそうです。現にコンテナサービス業が伸びてきてます。」

「原価単価Vが0ですから，当然にM＝Pの100で，固定費Fは利益Gが600になるように調整して9,400と仮定します。
これも先程と同じで，サービス業の場合はその分人件費がかかりますので，こんなものでしょう。」

「すると先生。売単価Pが10％アップだと，これまた右上図のように，これまでと同じく利益Gは1,600ですね。」

第2章 経営会計でシミュレーション 69

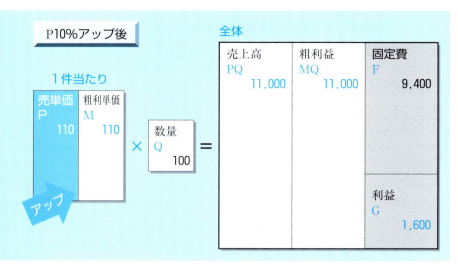

「ところが先生のところの凄いのは，当たり前ですが，原価単価Ｖが要素としてないので，次の**数量Ｑ**を見ると，これまた利益Ｇが上図と同じ1,600とは驚きましたね。」

「これなども，開業当初嬉しかったのは，関与先が増える時のあの喜び！こうしてシミュレーションしなくとも，何となく感覚で分かっていましたが，計算してみると，その感覚がどういう意味だったがよりリアルになりますね。」

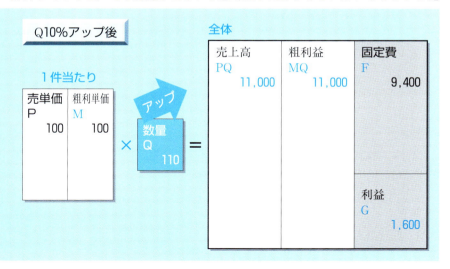

13 サービス業の場合(2)

「先生の事務所を想像しながら…最後は，固定費Fの10%ダウン。これも効きますね。」

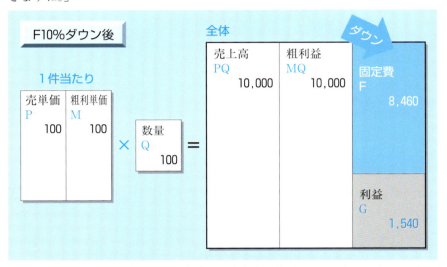

「さぁ〜これで我が事務所の（笑）利益感度分析をしてみましょう！　すると右表のようになります。当然，原価単価Vはないので3行です。」

「先生，思わず，ウン，ウンとうなづいていらっしゃいますね。」

「実感しますね。では，ここでまた，ついでですから，先の例と比較してみましょう。」

「先生の場合の実感というのは，先ほどの開業間もない頃の**お客様が増えた時の喜び**の他にどんなことがありますか？」

「税理士一般が，ケチだってことですかね（笑）。**固定費Fの感度が高い，つまり，逆を言えば，固定費Fの支払いが利益を圧迫する**って実感がね…」

第2章　経営会計でシミュレーション　71

サービス業（原価率０％）

優先順位	要素	600円の利益がいくらになったか？	利益感度
1	P（売単価）	1,600円	2.67倍
1	Q（数量）	1,600円	2.67倍
2	F（固定費）	1,540円	2.57倍

製造業（原価率20％）67頁の再掲

優先順位	要素	600円の利益がいくらになったか？	利益感度
1	P（売単価）	1,600円	2.67倍
2	Q（数量）	1,400円	2.33倍
3	F（固定費）	1,340円	2.23倍
4	V（原価単価）	800円	1.33倍

9の事例（原価率70％）62頁の再掲

優先順位	要素	600円の利益がいくらになったか？	利益感度
1	P（売単価）	1,600円	2.67倍
2	V（原価単価）	1,300円	2.17倍
3	Q（数量）	900円	1.5倍
4	F（固定費）	840円	1.4倍

14 赤字企業の利益感度は？

「社長の所は黒字ですから関係がないかもしれませんが，今後，**店舗によっては，赤字**ということもあろうと思います。そこで参考までに赤字企業の利益感度分析を見ておきましょう。」

「これも気になるところですよね。立て直し策として一考に値します。」

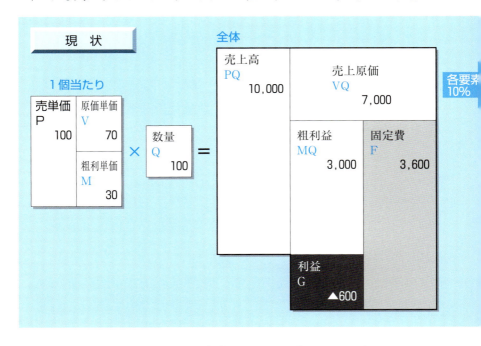

「赤字企業は，"粗利益MQ＜固定費F"ですから使い過ぎた分が上図の▲600となっています。先ほどまで業種別でみましたが，その内の最初に見た小売業（原価率70％）の場合です。」

「突き抜けちゃうんですね。」

「今度は，図解せずに，右頁の一覧表にまとめてみました。白抜きになった数字の部分が10％の努力をした部分で，1行目が売単価P，2行目が原価単価V…と4要素続き，**利益感度分析の順に並べています**。」

「１番右端が利益Gですね。」

「すると社長，先ほどの小売業の黒字の場合と比較すると興味深いことが分かりますよね。」

「固定費Fが最下位から３位に上がってますね。」

「倒産企業に管財人が入って最初にやるのは，人員カット経費節減ですがその理由が分からないでもないですね。倒産企業では，固定費Fの節減はコンセ

	P	V	M	Q	P Q	V Q	M Q	F	G
P	110	70	40	100	11,000	7,000	4,000	3,600	400
V	100	63	37	100	10,000	6,300	3,700	3,600	100
F	100	70	30	100	10,000	7,000	3,000	3,240	▲240
Q	100	70	30	110	11,000	7,700	3,300	3,600	▲300

小売業（原価率70%）62頁の再掲

優先順位	要素	600円の利益がいくらになったか？	利益感度
1	P（売単価）	1,600円	2.67倍
2	V（原価単価）	1,300円	2.17倍
3	Q（数量）	900円	1.5倍
4	F（固定費）	840円	1.4倍

ンサスが得やすいということもあるでしょうね。当然，利益感度１位の売単価Pアップなどが良いに決まってますが，一般的に管財人に経営者的思考ができるかどうかは疑問ですからということもありますね。」

15　「利益感度」低いからこそ使う　ただし…

「利益感度分析からは固定費の感度は，相当低いことが分かります。これを逆に使えば，**売単価Pや数量Qを将来アップさせるために効果的**です。」
「と，言いますと？」
「例えば，いつもの"現状"の固定費F2,400を10％アップしたとします。

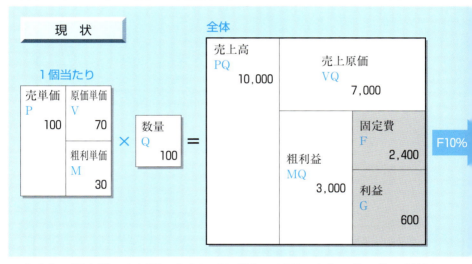

すると，固定費Fは右頁のように10％増えて2,640になり，その分，利益Gは減りますから，360のGになる。」
「確かに先生，利益Gに対する影響はあるけれど軽いですよね。」

「ここで重要なのは，社長が，**将来の利益の確保を目指して**，すなわち将来の売単価Pや数量Qアップとなる**試験研究開発費となるようなモノに投資を**していているかどうかです。」

「先生，33頁で出てきた新入社員の採用と同じですね。退職してしまうなど**ある程度の失敗は研究費でもあるでしょうが，果敢に支出しないといけない。**」
「そう！　しかも，上図の利益G600に対する税金よりも，360に対する税金の方が少ないので，今期の節税にもなるのです。つまり，研究開発費について

国は支援してくれているのです。下図では支出後も黒字ですが、やもう得ず今期に支出した額が大きくて、赤字になったにしても大丈夫です。」
「欠損金の繰越控除というのですね。確か10年間認めてくれる。」
「そうなんですよ。将来に売単価Pアップで稼いだ時にその赤字で控除してくれるのです。」
「それと先生！ 税額控除もしてくれるそうですね。」

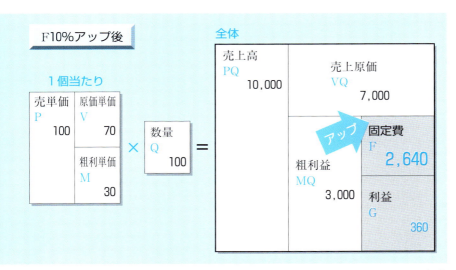

「社長、よくご存じですね。これも、やはり後でお話ししますが、中小企業の場合には利用が進んでいないので、盲点のひとつと言えるでしょう。」
「またまた楽しみですね。」（第３章170頁参照）

「ただし、固定して定期的に発生する費用は要注意で、放置しておくとオリ（沈殿物）のように地層となって溜まり続け、真綿で首を絞められるかのように収益性を悪くします。これについても後でまたお話しします。」（168頁参照）
「先生、その判別、つまり果敢に使うべきか否かは何かありますでしょうか？」
「それは社長、⑧でやった固定費Fを支出したら、あるいは、削減したら、P、V、Qの要素に良い影響を与えるかどうか?! です。」
「そうか！ 失礼しました。そうですよね。」
「重要ですので、次にもう少し詳しくみましょう。」

16　固定費Fの判断は普段の経営者の意思決定

「社長，26頁の問題で5円の固定費の増加に対して売上をいくらアップさせれば良いか？　というのがありましたよね。」

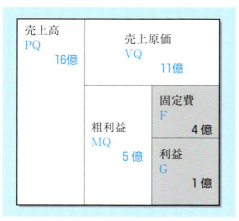

「覚えています。左図の固定費Fが5円増えると，利益Gが1億円から5円減ってしまうので，元通り1億円の利益Gにするにはいくら売れば良いか？　という問題でしたね。リアルでした。」

「ほぉ～！　社長にとってはリアルでしたかぁ～やはり！」

「そりゃ～そうですよ。身につまされました。」

「社長は何故そう感じたのですか？」

「何故だかはよくは分からなかったですが，理屈は分かりました。つまり下図のように経営は逆算だから…と言うことで，利益Gから逆算していくんですね。まず，❶出したい利益Gが1億，❷掛かってしまった固定費Fが4億5円

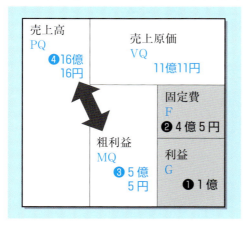

だから，❸稼がないといけない粗利益MQは5億5円。それならば，粗利益MQは売上高PQと比例しているので，5億の粗利益MQを稼ぐのに売上高16億の企業は，"億"の字を取ってみればまさに答えはそのままで，5円の粗利益MQを稼ぐには？　売上高PQは16円売れば良い！　ということでしたね。」

「実は，社長というのは，日常的にこの意思決定を続けているんですよ。例えば，5円の桁を変えてみましょう。」
「ほぉ〜。5円をたとえば，5万円に？ ということですね。」
「そう，たとえば，『今度，毎月5万円のリースの機械を導入しようと思うけれど，そのままでは利益が毎月5万円減ってしまうので，毎月いくら売上を増やせば採算があうのか？』と頭を悩ませますよね。」

「そう言えばそうですね！ 更に1桁増えて，今度，50万円の給料で販売部長を採用したい。そのままでは利益が毎月50万円減ってしまうので，彼にどれだけ売ってもらえば採算があうか？」

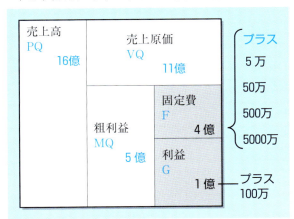

「社長，販売部長なんだから，利益を上乗せして100万円プラスして，彼にいくら売ってもらえば良いか？ あるいは，今度，500万円のTVコマーシャルをする。ペイするためにはいくら売れば良いか？ さらには，新規事業で5,000万円投資する場合も…同じです。こうして，日頃の意思決定はほとんどこれです。ただし会計年度をある程度無視して，時には損してのちの得を取れと考えるでしょうが……」

「先生！ それです！ リアルと感じたのは。いつも採算を考えているんですね。」
「それは，決算書を見なくたってできる。だからやってこれた。」
「確かに…常にペイするかしないか。採算です。採算が取れるってことは利益が出るってことですもんね！」
「厳密には少し違いますが，ま〜ニアリーイコールです。誤差の範囲ですし，企業の運転手としては，細かい事は無視すれば良いでしょう。ただし原理原則を貫かないといけませんがね。」

17　戦略とは「何をやるか？」である

「さて社長，これまで様々な要素についてシミュレーションしてきました。そして，どれが一番効果的なのかも"利益感度分析"で分かりました。」
「それによれば，実行は難しいけれど，売単価Pアップ，そして原価Vダウン…でしたね。先生。」
「そう！ さらには，固定費Fは利益感度が低いけれども，むしろその鈍感さを活かして，その支出が将来の売単価Pアップや数量Qアップに効果があるならば，積極的に使っていくことが欠かせないことも学びました。」
「そして先生，税務上も節税になって，それを応援してくれている。」

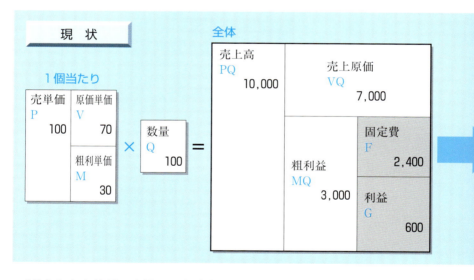

「そうしたら社長の会社は，利益をまぁ～まぁ～出している会社ですから，そんな会社の社長としては，これから，一体何をやるべきでしょうか？」
「そうですねぇ～やっぱり，困難だけれど売単価Pアップが一番ですね。」

「そう！ 何をやるか？ すなわち方向性を決めることですよね。行き先を決める。Fの削減の方向ではなく，Pアップの方向だということです。」
「やはり，そうしたいですね。馬車馬のように数量Qを求めるのは働き方改

革の上でも問題ですよねぇ〜。生産性を上げなくちゃ。」

「売単価Pのアップは必然的に粗利単価Mのアップでもありますね。」

「そ,そうかぁ! 嬉しくなっちゃいますね。」

「では『何をやるか』について,方向性が決まると"戦略"が定まりましたので,次

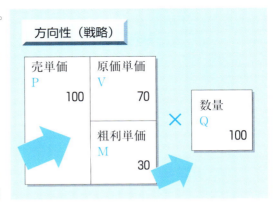

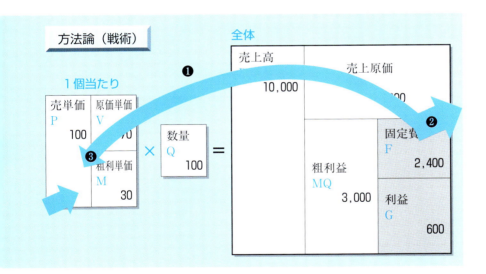

は『いかにやるか』ということについて,つまり"戦術"を決めなければなりません。どうします?」

「はい! 当然,売単価Pのアップについて❶効果のある固定費Fを見出し❷その固定費Fを掛け続けていき❸売単価Pのアップを実現します。」

「その通りです社長! これで整理できましたよね。」

18 「利益感度」＋複数要素で損益分岐点を目指す

「社長，⑨で利益感度分析をする前に⑦で複数要素の組み合わせをやりましたよね。」

「ええ。利益感度分析では第2位の原価単価Vが思うように下げられなくても数量Qを組み合わせることで，単独の要素でやるよりも粗利益MQがアップしたってのでしたね。」

「そ〜！　実務ではむしろ複数要素の変化が多いということもやりました。」

「そうそう！　そうでした。利益感度分析は単独の要素についてでしたよね。」

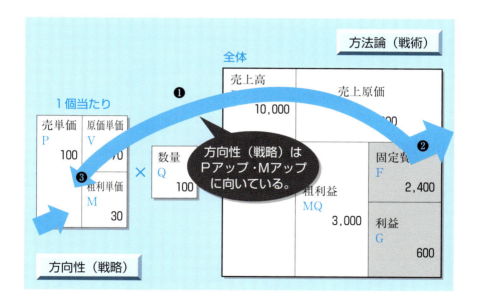

　したがって，前頁の方法論である"戦術"は臨機応変でどんどん変えて行けばよいのです。方向性である"戦略"は売単価P・粗利単価Mのアップですから，それが会計年度を無視してでも長期的に実現できれば良いのです。」

「また出てきましたね先生。会計年度を無視し長期的に実現ですね。」

「社長たち経営者は自然にできますよね。そしてこの場合の"長期的に実現"とは何かというと？」

「先生，それは**採算**ですね！」

「そうです。下図でいうと，**粗利益MQ＞固定費Fの状態を確保し，持続可能性をもって最大化していく**ことで，これが"**目標**"です。」

「そうかぁ～。どういう方法（戦術）でも良い。これと決めた方向性（戦略）をもって，粗利益MQ＞固定費Fの状況を長期的に構築すること，これが"目標"。先述の**柔軟性**ですね！」

「社長，MQ＝Fになると，実はこれが**損益分岐点**なんですよ。」

「あら！ ホントだ！ 何と簡単な！ 世の中で説明されている損益分岐点ってメチャクチャ難しい式でしたよねぇ～」

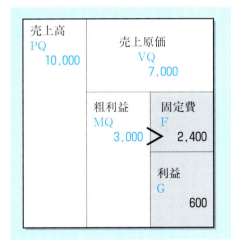 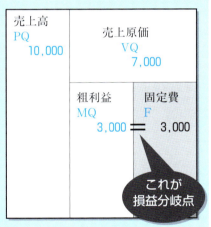

「**後でお話ししますが**，あの経営学で出てくる分数の難しい式は実務では使えませんね。現場はもっと手軽で，中学生でも使えないとネ！ 社長。」（90頁参照）

「いや！ 本当ですよ。机上の空論じゃないんだから。**どんな方法でも良いから方向性に従って，MQ＞Fを実現！** これですね！」

19　「売上原価」や「経費」は安い方が良いか？

「ところで社長。次の図に，どうすれば良いか？　Gの矢印と同様に右上向きの矢印か，右下がりの矢印を書いてみてください。利益Gは会計年度を無視して，長期的に右上向きが良いのは分かっていますよね…。」

「はい。まず，先ほどのように，売単価Pは上向きですよねぇ～。」

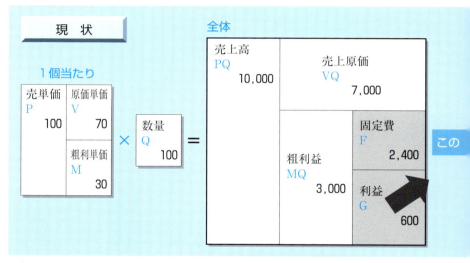

「その結果，社長が書かれた矢印の結果が，右頁のようになったわけですね。」
「はい，先生。これで利益Gが出ます。」
「しかし社長。ご自身に嘘をついていますね。普段はこう考えないでしょ！」
「へっ？　でも，以前の税理士さんも…」

「確かに，左のような制度会計の決算書の"結果"だけを見ていると，『売上を増やし，原価や経費を下げる…そうすれば利益は出る。』って…引き算で考える誤解に陥っていますね。しかしこれは結果です。経営者が現在進行形で仕事をしている最中には，そんなことは考えていないはずです。機関車で，もっと早く走れ！　と思えば『石炭を投入せよ！』と，つまり『経費を掛けろ！』

と号令するはずです。」

「つまり，パワーを出すためにゃ〜費用（固定費F）がかかる！」

「そうです，パワーをだすためには売上原価VQがかかるのではなく，それは結果にしか過ぎません。売上原価VQは，売れた分の原価に過ぎませんから売れた"結果"なのです。」

「なるほどぉ〜！　それに比べて固定費Fは売るためにかける費用ですね。」

「売れるかどうか分からないけれど，とりあえず掛けてしまったんです。そ

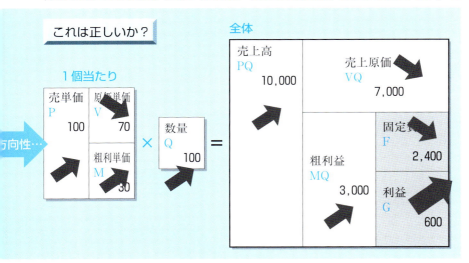

れを後から，掛けなければ利益がもっと出たのにぃ〜と言ったところで何になる！　まったく矛盾することを制度会計の損益計算書を見ていると思ってしまい…」

「先生，分かりました。その引き算の頭で上図を見ると間違った矢印を引いてしまうんですね。」

「そうです。だって，お客様の立場に立てば自然に分かるでしょ！　もちろん同じ商品ならば…という前提ですが。お客様は同じ物なら，『安い方が良い』と考えるはずです。上図のように高い売単価Pを望みません。」

「先生，その通りです。同様に同じ物なら『原価が安い物より，良い品質の，つまり高い原価の物を安く買いたい！』と絶対に思っているはずです。」

「呪縛にまだ縛られていると，上図のような発想になりますね。」

20 良いか？ お客様の立場なら一目瞭然！(1)

「社長，正解は，右頁にある通りです。前頁の一般的な誤解とパラパラとめくって比較してみてください。」

「なるほどねぇ～。確かに，同じ物であれば，自分がお客様だったら右頁のように考えますよね。」

「ところで社長。右頁の矢印は矛盾に満ちていますよね。理論的には。」

「そうですよねぇ～！ そこを聞きたいと思っていたんです！ 確かにお客様の気持ちであれば，同じ物なら安く買いたい…だからPダウン。」

「イメージしやすいように牛丼で考えてみましょう。同じような牛丼なら，より安い物を食べたい。しかし，安いからと言って，肉が貧弱であれ"安かろう悪かろう"では納得しません。」

「そりゃ～そうだ。良い美味い原材料を使って欲しい！ つまり高い！」

「その通りです社長。その結果，1杯当たりの粗利単価Mはダウンする。でも，それでは儲からない。」

「だとすると，薄利多売で数量Qをメチャクチャたくさん売らなければならないですよねぇ。ところが右図では数量Qダウンになっています。何故？」

「社長，良い所に気付かれました。それこそお客様の心理です！」

「心理？ 安い方が良いは分かりますが，数量が少ない方が良いのですか？」

「社長が牛丼屋さんに行って，行列ができていて1時間待ちを望みますか？」

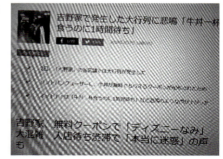

「それでは"安い・美味い・早い"に反しますよね。食べる前に"遅い"になってしまう！」

「ということは，お客様は，実は，行列を望んでいない。自分が好きな時

に行って，並ばず安くて美味い物を早く食べたいんですよね。」

「つまり先生，お客様はたくさん売れない方が良いと…？」

「ここが不思議なところです。**自分が贔屓する物が，支持されるのは嬉しいのですが，同時に自分だけ受けられる優越感はなくなる…のに実はイヤ**なのです。」

「先生！　分かる！　分かる！　数ある多くの客ではなく，上得意として接

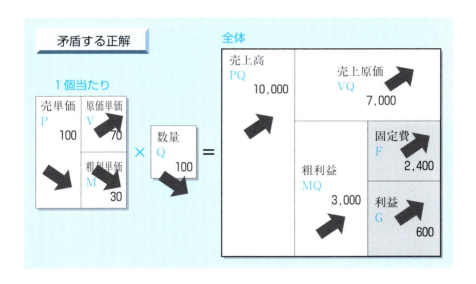

客して欲しいんですよ。無理だとは思ってあきらめているけれど…」

「だからこそ社長，名前を憶えてくれていて"いらっしゃいませ牧口様"な〜んて言われると上機嫌になるんです。**お客様は究極には"私だけ"と望んでいる**んです。」

「でも，先生，売単価Pがダウンで，数量Qもダウンなら，理論的には絶対に売上高PQはダウンするに決まっています。それなのに上図では売上高PQは上向き矢印ですよね。」

「そ〜なんですよ。ここが面白いところですが，これもお客様の立場になれば分かります。」

21　良いか？　お客様の立場なら一目瞭然！(2)

「社長，お客様の気持ちは，安くて，混んでなくてとてもありがたい。でもそんな良いお店が潰れてしまっては困りますよね。」
「そんな嬉しい会社ってたくさんありますよね。」
「だから，お客様には分からないかもしれませんが，企業が何らかの工夫をして，その矛盾を解決して，売上高PQを上げて成長して，利益を上げて存続して欲しいと…願っています。」
「お客様は決算書を見ませんので売上高なんて分からないですよね。」

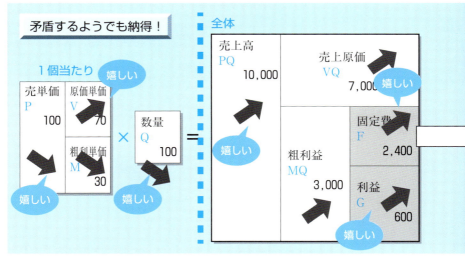

「でもお客様は，上図の点線より右については，直接は分からないけれど，企業の何らかの工夫を想像することはできます。」
「そうですね。牛丼なら店舗を増やして，適正な来店客数に調整とか…。」
「その通り！　別の業態で，たとえばアマゾンを考えると，売単価Pも比較でき，安い物も選べ，膨大な数量なのに，お客様にとっては"私だけ"に対応してくれているかのように，行列もない！　そして企業もドンドン成長している。」
「確かに先生そうですね。倉庫のピッキングもロボットを使うなどの工夫は，その取り組みがユニークであればあるほど，マスコミで見ることもあります

第2章 経営会計でシミュレーション　87

ね。」
「ネ！　社長，矛盾しなくなるでしょ？」
「決算書では，お客様の視点である，個数がないですもんね。黙れ決算書！　ですね。」

「その決算書の中身でも，お客様が感じることができる部分もあり，これが大切です。」

```
損益計算書
Ⅰ 売上高      10,000
Ⅱ 売上原価     7,000
Ⅲ 販売費管理費 2,400
Ⅳ 営業外費用       0
  経常利益      600
```

「感じるんですか？　どこを？」
「社長の店に行ったお客様が感じるのは，まずは店舗です。」
「ほぉ〜外観や，内装ですね。」
「そこで『立派で清潔な店だなぁ〜。』と思うと，それは固定費Fをお客様が感じているわけですね。」
「そうか，デパートに行ってもそうですね。先生の事務所だって。」

「そうです。そこである種の安心感を感じて『この企業なら大丈夫だろう。』と実感するから購入，つまり数量Qアップにつながる…。」

「先生，接客や店員の商品知識もそうですね。研修にはお金がかかるもん！」
「その通り社長。お客様は『きっとお金をかけてやっているんでしょうね。』と感じれば，再来店にもつながる。これまたQアップです。」
「そうか，決して固定費Fダウンではないんですね先生。」
「そう！　粗利益MQアップにさえなれば良いんです。そして掛けた固定費Fよりも大きくなれば，どんな方法だってOKという戦術の柔軟性ですね。」
「MQアップにつなげないとね！　先生。」
「そうすれば経営の目的である"顧客の創造"につながり，企業の存続になります。」

22 アイテム（商品）の数はいくつか？

「社長，先ほどのお客様目線で言えば，数量Qは下図のように客数になります。そうするとPは客単価で，掛け合わせたPQはまさに売上高になりますが，

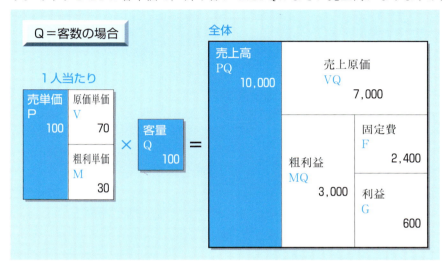

数量Qをアイテムで計画するのなら，アイテム（商品）数の分だけ，P・V・M・Qがズラァ〜と並びます。」

「つまり先生，A商品からZ商品まで26個の商品なら26全部を合計して売上高PQ・売上原価VQ・粗利益MQを集計するわけですね。」

「そうです。**アイテム数はコンビニでは3,000程ですが，普通の小売業でも1万は優にありますし，卸業なら何十万なんてこともざらにあります**。」

「アマゾンなら何億アイテムですね！こりゃ〜大変だ。」

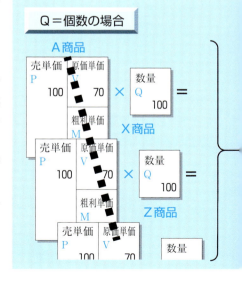

第2章　経営会計でシミュレーション　89

「ま～社長，今はエクセルで集計しますから簡単です。POSレジデータの転送で瞬時にできるようにもなっています。ところが経営会計は，計画が命ですから，計画販売数を入力しなければなりません。」

「計画値を判断して入力できるかどうかは企業のレベルで違いますよね。」

「その通りです社長。経営計画は立てるだけでなく，実際のデータと比較する…このことを“予実対比”と言ったりしますが，その際にも重要になります。」

「先生，思うだけでも…店舗別・地域別・担当者別・商品群別・客層別・時間帯別・曜日別…と様々な計画と実際の予実対比につながっていきますね。」

「ちょっと待ってください社長。夢が膨らむのは良いのですが，初めは色々やろうとしない方が良いです。できる所から…徐々にやることです。まずは小売業ならQは客数ですから…これなら1本で済みます。小さな飲食のようにアイテム数が少なければ，商品別も比較的容易でしょう。」

「ウチなんかは，背広・シャツ・ズボン・スカート…まあ少ない方ですね。」

「要は計画を立てる最初に，数量がつかめるかどうかです。」

全体

売上高 PQ 10億	売上原価 VQ 7億	
粗利益 MQ 3億	固定費 F 2億	
	利益 G 1億	

「そりゃ～そうだ。決算書では全部の合計金額しか管理していなかったのだからP・V・M・Qをつかむだけでも大変だ。」

「社長，実際そうなんです。今までやってこなかったことですから…そして経営会計は自由ですし外部に出すものでもありませんから，概算で始めたってイイんです。」

「始めることからだね。」

23 この「損益分岐点」って使えます？

「81頁で出てきた損益分岐点は簡単でしたが，普通の経営学や財務分析にでてくるそれは，とても難しい算式になっています。」

「ワシも見たことがありますが，全然覚えられませんでした。二段の分数になっていましたよね。」

「ちなみに，その計算式とは，これです。」

「先生，"二重分数"って言うんだそうでね。分数って算数の中でつまづく最初っていわれるけれど，それが二重になっているから頭が痛い。」

「これでは，現場では使えませんね。**座って計算している本社経理部御用達**ですね。実務の現場は，戦争で言えば最前線と同じで，**立ったまま瞬時に使えなきゃ負けてしまいます。**」

「先生，これって，敵と遭遇して機関銃の説明書を読んでる感じですね。最前線では"構えて，狙って，引き金を引く"これでないと兵士の武器（道具）になりませんよね。」

「社長！ 上手い！ その通りです。経営はエリートだけでやっていてはコストが高くなり過ぎます。」

「結局，先生，利益Gが0の時！ ということですよね。」

「その通り！ だから，いつもの図解でいくと，右頁のように600の利益Gが0ならば，**稼いだ粗利益MQと固定費Fが同じということです！**」

損益分岐点　MQ＝F

「実に美しいですね先生。アインシュタインの相対性原理の式を思い出させますね。E = mc²でしたね。」
「さっきの二重分数と比較すると雲泥の差です。これなら使えます！　ということで，次頁から色んな損益分岐点を見ていきます。」

「エッ？　先生，損益分岐点っていくつもあるのですか？」
「そうなんです。左の二重分数の損益分岐点は，正式には損益分岐点売上高なんです。既に第1章で売上高では役に立たないって話しましたでしょ。」
「そうかぁ！　売上高はPQだから…分解すると…」

「その通り！　損益分岐点売単価Pや損益分岐点原価V，そして最も使うのが損益分岐点数量Q，それから，下図で見たような損益分岐点固定費Fという具合に少なくとも4つあります。それでは，残る3つを見てみましょう。」

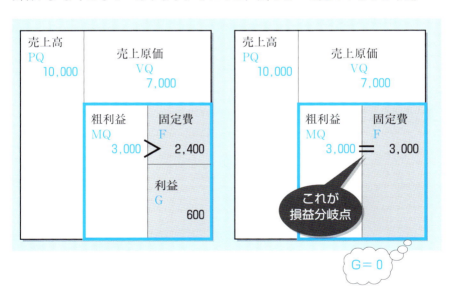

「先生，何人のお客様が来ると損益分岐点って分かると，確かに使えますね！　お客様の数って目で見えるから！」

24 損益分岐点「数量」は何個（何人）？

「それでは社長のリクエストに応えて，損益分岐点数量Qから参ります。」
「ワクワクします！」
「いつもの図解のGを0にして逆算したのが右頁です。」

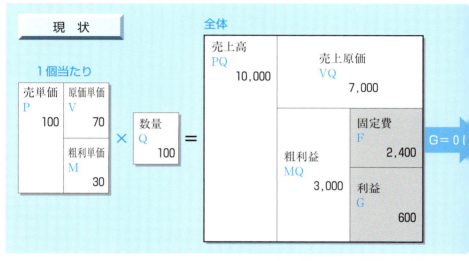

「なるほど〜，簡単ですね。逆算するわけですね。利益Gが0だから，固定費Fは変わらず2,400で，稼ぐべき粗利益MQは2,400。MQはM×Qだから粗利単価Mが30なら，MQ÷30＝数量Qは80ってわけだ！」

「交渉事ではない業種であれば，値段はプライスカードに事前にお客様に提示されます。むしろ小売業やサービス業なら，それが普通です。」
「そうか！　すると図の"1個当たり"は固定されているわけですから，後は，何個売らなければならないという目標個数があるだけですね。」

「私がよく使うのは**セミナーの集客管理**ですね。この場合，数量Qは参加者数になります。」
「なるほね。社員さんが**目標**として，目で認識しやすいですよね。『あと，何

人！』って号令掛けるのもやりやすい！」

「そうです。これを右のようなグラフにして，日めくりカレンダー風に『あと何人』とか『あと何台！』と表わすのです。これは私も率先して店頭で実施したことがあるので盛り上がり

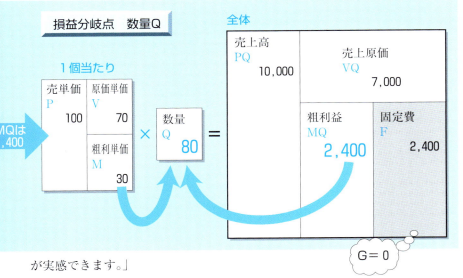

が実感できます。」

「目標が明確になるんですね！　先生。」
「そうです。私はこれを"終電車理論"と言っています。」
「シュ〜デンシャ？　って最終電車のことですよね。」

「そうです。終電の時刻を知っていると，『あと，何分！』と言って頑張って走ります。走る気にもなります。ところがその情報がないと，走らないのです。『これに乗り遅れると大変だ』となって必達の"死んでもQ"になるのです。」

「なるほどぉ〜人間心理ですね。終電に遅れるとタクシーかホテルで大幅赤字になってしまいますもんね。まさに損益分岐点！」

25 損益分岐点「P」は値引き限度を示す

「次は損益分岐点売単価Pです。社長のクリーニング店なら，大口の法人営業に使えるかもしれません。」
「えっ？ どういうことですか？ ウチは売単価Pは一定ですが…」
「法人のお客様の大量受注を受ける場合，値引き交渉が必要になりますよね。」
「そ〜かぁ〜，そういうことも出てくるでしょうね。」

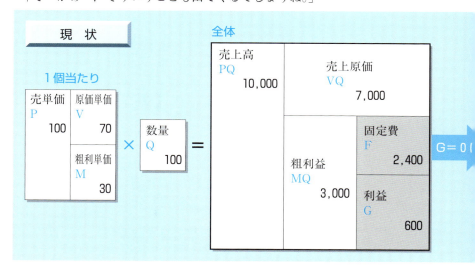

「これも簡単ですね。利益Gが0なのが値引きの損益分岐点ですから，Gが0として，固定費Fは2,400なら稼ぐべき粗利益MQは2,400です。ここまでは前頁と同じです。」

「分かりました先生！ 違うのはMとQの掛け算の内，今度はQが100で変わらないとすると，Mが24になる。原価単価が70なら，足した94が求める売単価Pが94で，これが損益分岐点売単価Pですね！」

「素晴らしい！ 段々冴えてきましたよ社長！ 私はこれを"崖っぷち理論"と言っています。」

「ハハハ，先生，好きですね。"終電車理論"の次は"崖っぷち"ですか。」

「社長，"好き"は大切です！ 詳しくは第3章で出てきますが…それはさておき（笑）値引き交渉は経験すると分かりますが，本当に崖っぷちなんです。」

「これを分かっていないと…受注時点で崖を飛びだして赤字決定ですよね！」

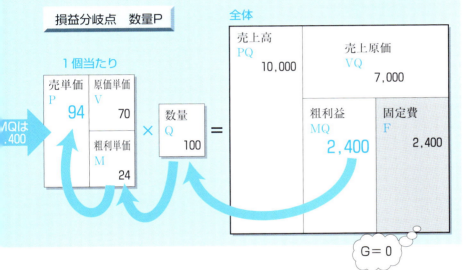

「ある程度の大きさの企業になると，営業と経理とが分離されて営業は売上高目標でノルマが課され，売上高を上げさえすれば評価される…そんな企業は意外に多いのです。」

「馬車馬のように働いて赤字になる構造ですね。」

「分かってさえいれば…踏みとどまるものです。これも人間心理。」

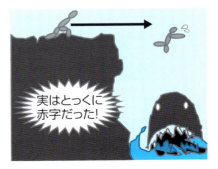

26 損益分岐点「V」は仕入の高騰の限度

「3つ目は損益分岐点原価Vです。下図はいつもの通りで，右頁の図も途中までの利益Gが0，粗利益MQ2,400，そしてMとQの掛け算だからというところまでは同じです。」

「すべて，粗利益MQが基本なんですね！」

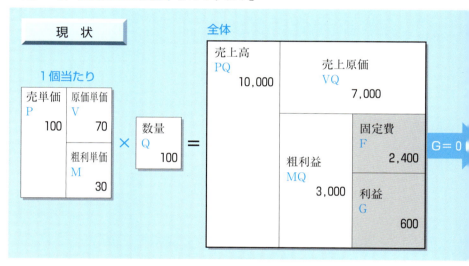

「そ〜なんです！ 右頁の図のように，MとQの掛け算が2,400になるとき，数量Qが100なら，MQ2,400÷100個で粗利単価Mは24となります。後は"1個当たり"でMが24で売単価Pが100ならVは，100−24＝76と出ますね。」

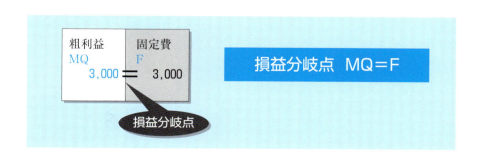

「現在70円の原価単価Vが76円に値上がりまでは耐えられるわけですね。先生，これも仕入先との交渉に使えますね。」

「今までの損益分岐点4つ全ては"MQ＝F"で成り立っていますから，利益Gを出す要点は，どんな方法でも良いですから，MQ＞Fの状態を作ることです。」

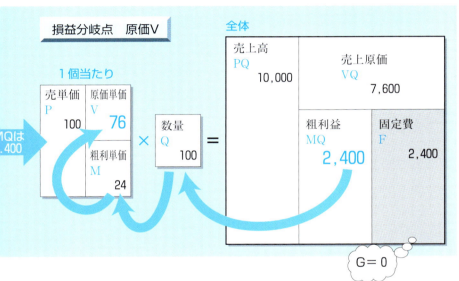

「先生，すると売上高よりも大切なんですね。」

経営の要諦　MQ＞F

「はっきり言ってそうです！　売上高には他人の売上高である売上原価VQが含まれていますから，自分が作り上げた付加価値ではありません。」

「自分の付加価値を作る…厳しい言葉ですね。でもそれが真実であることは疑いないですよねぇ～。」
「どうやって自分の付加価値を作るか？　それは第3章でお話しします。」

27 今まで，決算書以外は何もしてこなかったなぁ～

「今までのところまで，社長，ガッテンして頂けましたでしょうか？」と立川志の輔のように問うK税理士。

「はい！　でも正直なところ，昨日までは決算書すらまともに見ていなかったのですが，それでも少なくとも決算書は大事だ！　と大いなる誤解をしていて，今日それがひっくり返ったので，知恵熱が出そうです（笑）。」

「書店に行くと『決算書の読み方』『これだけ決算書！』と言った類の本が一杯ですよね。それはそれで価値はあります。その多くは株式投資家などの，やはり企業の外部関係者です。」

「ところが，企業内部の人も，『決算書ぐらい読めないとビジネスマンとして恥ずかしい』とか『会計の知識を得なければ…』と飛びつくんですね。私もそうでした。」

「多くの読者がそうです。"会計"と言えば"決算書"と美しき誤解がまかり通ってきたんです。」

「それが今朝，先生の話を聞いて，180度変わって，『決算書は役に立たない！』ですからねぇ～。岩盤から崩れましたよ。」

「で，社長は決算書以外には"会計"らしいことは何かしてきました？」

「先生，それを言われると…実はそれもやっていない。日々の売上高とパートのシフトと資金繰りだけに追われて，それも会計ですかねぇ～。」

「パートタイマーのシフトを組むのも，固定費Fの予算化ですから十分に会計なんです。」

「ただ先生，今，思い返してみると…日々の売上も取り扱い点数も，資金繰りも，計画的とは程遠く，いきなり実践で，闇雲にやって…その集大成としてある日，決算書がド～ンと目の前に突き付けられる…という状態ですね。」

「そこで多くの経営者は，決算書にひれ伏してしまうんですね。何やら大事な物で，税務署も銀行もヤンヤと言うし，その尻馬に乗る税理士もですね。」

「先生，で，結局のところウチは…と言うより全国の中小企業は…と言った方が良いくらいなんでしょうが，どうしたら良いのでしょうね？」

「既に第1章でお話ししたのですが…」

「すみません先生。色々やってきてすっかり混乱してるんです。まとめてくれますでしょうか？」

「ははは！　知恵熱が出る位でしょうから，確かにそうですね。まとめましょう！」

「よろしくお願いします。」

「ではいきますよ～わかりやすいように，さらに誤解を恐れず強調して言いますね。

❶　決算書は税務署用で強制されているので仕方なく作る物と割り切る
　　最終的な経営者の成績表の一部ではあるが…という程度

❷　決算書はその企業の"経営者には役立たない"と肝に銘じること
　　役立たない理由は❶のように"そもそも目的が違う"のだから…を含め第1章でたくさんの事例を挙げた。だから2本立てで会計をすべし

❸　P・V・Q・Fの変化で，利益がどう変わるか感じるように勉強すること
　　この勉強には，社員に説明すること（アウトプット）が一番良いとして，第2章の前項までを繰り返して学ぶこと

❹　自社で今，把握できる数値を探して，P・V・Q・F・Gの実績を入れる
　　これをいれるだけでも，実は結構大変

❺　どうしたいか，方向性（戦略）と手段（戦術）を考える
　　この時，第2章で学んだ利益感度分析や複数要素の組み合わせも使う

…と，今の所は以上です。次頁に図解も加えておきます。」

「先生，今の所とは，まだまだあるわけですか？」

「もちろん！　でも一気には無理です…でもこれだけでも相当強力です。」

28　まとめ＋αの図解

　前頁のまとめを図解し，さらに概ね「マインド」と「行動」に区分しました。行動しなければ成果はでません。

　その内，❶は「しないこと」「諦めること」　❷は「2本立てにすること」です。

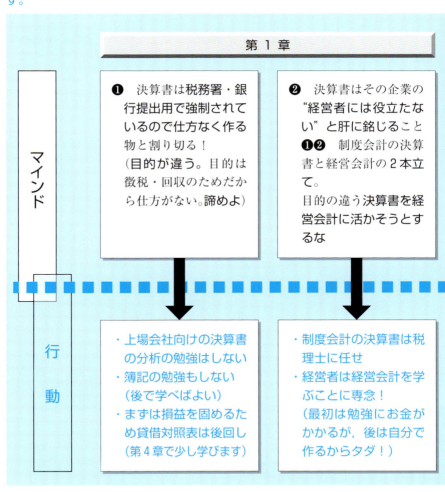

❸は「繰り返すこと」　❹は「考えること」です。

そして，❸の鍛錬の追加として，次頁以降で，経営会計の基礎である直接原価計算の復習と，さらに深い思慮を必要とする提案をします。

そこでは，経営者の独り善がりの机上の計画に陥らないことへの戒めが説かれます。

第 2 章

❸　売単価P・原価単価V・数量Q・固定費Fの変化で，利益Gがどう変わるか？　感じるように勉強する

決算書の引き算体質を掛け算体質に変換！

❹　どうしたいか？方向性（戦略）と手段（戦略）を考える

「利益感度分析」や複数要素の組み合わせも使う

社員に説明（アウトプット）する（現場こそ利益の源泉だから）
これを繰り返すことで自らの勉強とする
★この後に，別の復習があります

戦略と戦術を
紙に書き出せ！
手書きがお勧め

29 利益は現場で作られる　その受入体制は？

「社長，第1章の⑬（28頁）でやった「掛けそば」閉店間際のお客様を断ったという問題，覚えてますか？」

「衝撃的でしたから覚えてますよ。**あんなに大きな損失なのに決算書には載らないんですからネ！**」

掛けそば1杯当たり	
Ⅰ 売り値	100
Ⅱ 原価	
原価の内訳	
材料費	30
人件費	20
その他経費 30	80
Ⅲ　利益	20

「もし，あの瞬間，お客様を追い返さなかったら，利益がその分，何も努力なくポン！　と増えるんです。」

「先生，まさに利益は現場で作られ，現場で失われているんですよね。」

「そうです。従業員・社員の行動いかんなんです。しかし，あの事件については2つのポイントしか取り上げませんでしたが，もっと根深いのです。」

「確か…2つのポイントは，❶原価計算自体が決算書は間違っていて，**直接原価計算という材料費だけで計算しなければならない**ことと，❷さっき言った**機会損失は決算書には載らない**ってことでしたよね。」

「社長，それらは実に表面的な問題，つまり数字上の問題なんです。」
「もっと深い，数字の問題以外の問題が？」
「そうです。ではあの店員は，あの後，店じまいをして，いよいよ帰ろうとするとき，先に2階の居間に上がっていってしまった店主に挨拶に行った時，どう帰りの挨拶をするでしょう？」

「ワシのサラリーマン時代の経験からは，『大将，それでは片付けも終わりましたので，これで失礼させていただきます。』ってな感じですよね。」

表面的（数字上）の問題

❶　制度会計の原価計算自体が決算書は間違っていて，直接原価計算という材料費だけで計算しなければならない

❷　機会損失は決算書には載らない

もっと·

「はい，その時，さっきの"事件"のことを報告しますか？」

「つまり，閉店間際の客を断ったことですよね？　そりゃ〜言いませんよ。」

「と言うことは，店員は，悪い事とは知っているわけですね。」

「ン，ま〜そうですね。大将に怒鳴られるもんね。そんなこと言ったら。」

「では，大将だったら閉店間際のお客様がみえたら，どう接客します？」

「そりゃもう満面の笑みで　『いらっしゃいまし！　どうぞ！　どうぞ！』ですよね。」

「はい社長！　その差は何ですか？」

「それは，教育の不足ですわ。接客ができていないという。」

「では社長は，この店は，接客教育をもっと徹底すれば良いと？」

「う〜ん，それだけでは…。飲食店に勤務した時に思いましたが，教育は"建前"でしたね。つまりお客様が大事という。確かにその通りですが…」

「大将と店員とは何が違うかというと，そのお客様を受けるか否かで見入りが違いますね。つまり，店主の大将は利益を得られるけれど…」

「店員の給与は変わらない！　先生，固定給ですものね。まして短時間なら残業手当も危ないような店に勤めてましたので，早く帰りたいだけでしたワ。」

「社長，問題点が見えてきましたね。そ〜なんです。受入体制の整備です。」

「先生，どんなに計画を描いてみても，それこそザルですねもんね。整備しなきゃ〜。」

受入体制の問題

❶　従業員・社員が納得して働ける給与体系や勤務時間になっているか？
　　残業手当はちゃんと付くか？　等々

深い

❷　雇われ店長なら社長も税理士も分からずに

「これも固定費Fです。整備しておかないとチェーン店で，店長もサラリーマンなら，本部に報告すら上がってこないでしょうね。現場でドンドン黙殺されて利益が消えていることが，社長もそうですが，我々税理士にだって，"絶対に！"分かりません。」

30 落とした「ザルそば」1枚の損失はいくら？

「前頁で社長が『これこそザルですね。』と仰ったわけではありませんが，今度はその"ザルそば"の問題です。」

「良いザルそばは水切りしますが，利益が切られてしまってはネェ〜。」

「さっきと同じお店で，午後3時頃，つまり蕎麦屋にとっては大変暇な時間に『ザルそば1つ出前お願いします。』と電話がかかりました。」

「暇な時間帯ですから，有難いお客様ですね。当然，受けて大将が作る…」

「そして店員が岡持ちで配達…ところが途中で子供が飛び出してきて，これを避けようとした瞬間，ザルそばを落としてしまいました！」

「そりゃ〜先生，店員は慌てて戻って作り直してもらい再配達でしょう？」

「そうです。幸い岡持ちは壊れませんでしたが，さてこの**落としたことによって，損失はいくら発生したでしょうか？** ちなみに，売価と原価は先の掛けそばと同じだとします。」

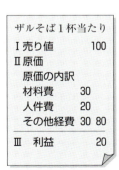

「すると…原価は80円っていう決算書で使う全部原価計算に騙されないようにして，原価は材料費の30円だけだから…作り直して掛かる原価はこれだけなので30円！」

「ピンポ〜ン！ 正解です社長。も〜大丈夫ですね。と言うことは，**店員を叱る時はどう言います？**」

「お前なぁ〜！ いくら損したと思う？ 原価80円だから，こんなに損したんだぞ！ なんて言うと**叱り過ぎ**ですね。」

「信賞必罰で，正しく叱ることが大切ですものね。素晴らしい社長です。」

ザルそば1杯当たり		
Ⅰ 売り値		100
Ⅱ 原価		
原価の内訳		
材料費	30	
人件費	20	
その他経費	30	80
Ⅲ 利益		20

第2章　経営会計でシミュレーション　　105

「今朝まででしたら『80円も損したぞぉ！』って怒鳴ってたでしょうね。」
「社長に**理不尽に叱られた店員は辞めちゃうかも**ネ」
「怖いなぁ～」

「ところで社長。翌日のまた同じ午後3時頃，また同じ注文が入りました！」
「そして，当然，岡持ちで配達…ですよね先生。」
「ところが！　またも子供が飛び出して来て，ひっくり返してしまいました！」
「何とまあ～不運なことで。作り直しで配達ですよね。」

「しかし今日は違いました。余り遅いのでお客様から**キャンセルの電話**が！」
「あらま！　ダブルで不運ですよね。で，**作り直したザルそばは捨てる**…」
「そうです！　さあ！　損失は総額でいくらでしょうか？」

「と言っても先生，2枚捨てたわけですから…30円×2枚＝60円じゃないですか？」
「社長，も～っと重要なことを忘れてやぁ～しませんか？」
「と言うと…？」
「**材料費の損失は決算書には表れますが，それよりも大きくて表れない機会損失**ですョ！」

「ガ～ン！　そうでした。昨日の注文は結果的には売れたけれど，今日のは**キャンセルになったので**，何事もなく配達したら粗利70円が儲かったはずなのに…ということですね！」
「そうです！　つまり**損失の総額**は，材料費の30円×2枚＝60円に，機会損失70円の合計130円！」

「深いですねぇ～。そうなるのかぁ！　ちょっと待って下さいよ。と言うことは，前項のことも関係しますね！」
「そうです！　注文の**キャンセルなんてありふれたことは日報にも書かれてないでしょう！　知らぬはオーナーばかり也！　否，決算書だけの税理士**もネ。」

31 落とした「カレーパン」1個の損失はいくら？

「今度は，いつも売り切れるスマイルカレーパンの超人気店です。」
「トングでつまんでトレーに乗せて…それをレジへってやつですね。」

「このお店は，これがいつも売り切れてしまうんです！」

「ホント，笑ってる。独自の何かがあるんでしょうね。きっと」

「さて，ある日の昼時，店員が袋詰めをしていた時，このカレーパンを落としてしまいました！」

「またですね！ 先生！ 売価と原価は，ひょっとして蕎麦屋と同じ？」
「よく分かりましたね社長！」とニヤリのK税理士。
「ここまでやっていると，さすがにネ！」と合いの手の社長。

カレーパン1個当たり	
Ⅰ 売り値	100
Ⅱ 原価	
原価の内訳	
材料費	30
人件費	20
その他経費	30　80
Ⅲ 利益	20

「さあ～社長，いくらの損失ですか？」
「さっきのザルそばと同じで落としたけれども，ちゃんと売れてキャンセルにはなっていないから…30円と言うんじゃ面白くないなぁ～，何かありそうだなぁ～。」
「社長，だいぶ用心深くなってますね。でも，その通りなんです！ では…もし落とさなかったとしたらどうなったでしょう？」

「店員が落とさなかったら？ 損の30円がないことになります。」
「社長，その落とさなかったパンはどうなります？」
「当然，売り切れになる程の店ですから売れます…そうか！ 分かった！ 売れて70円儲かるはず！ それが，落としてしまったので，儲け損なった！

つまり30円の材料費Ｖと70円のＭの機会損失の合計で100円ですネ！」

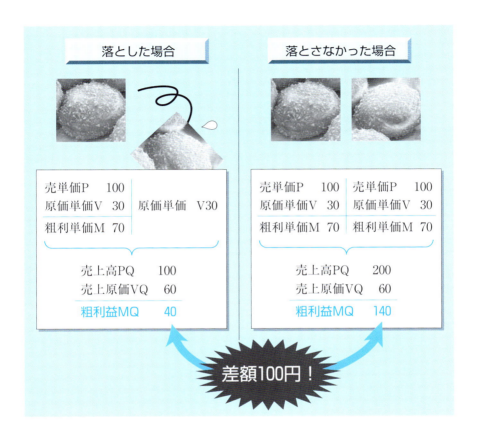

「ごめいさん（御明算）！　その通りです。」
「しかし，さっきの蕎麦屋とは何が違うのか？　よく分からないですね。」

「蕎麦屋では，キャンセルになると廃棄するしかないですよね。これが昼時で次から次へとお客様がみえるなら，次のオーダーに回せましたが，午後３時では次の客が来る頃にはそばは伸びてしまい，売り物にならない。」
「そうか！　落とさなかったパンは売れるまで置いておける。まさに現場で利益は作られるんですね。もっと注意して袋詰めしなければ…」
「こんなことも，オーナーも税理士も知る由はないですよねぇ～。」

32　様々な原価　外注費の見積原価

「売り切れてしまうカレーパンのお店。社長ならどうします？　売り切れが続いていること自体で機会損失を毎日どんどん出していることになりますよね。」
「当然，もう1店舗出店ですが，それは余りにお金がかかるかぁ〜。」
「そうなんです。社長にも経験があるように大抵の場合は，最初のお店はギリギリで，借金で開店しているので，おいそれと2号店とはいきません。」

「かと言って，いきなり増産はできない。パン屋なら窯の製造能力もあるでしょうし，第一，イースト菌の発酵に時間がかかるので仕込みも大変！」

電気窯でない本物

「そこで，パン屋の主人は，弟子が他の街で営業をしていることに目を付けて，同じ作り方なので，そこから**外注仕入**することにしました。」
「それはグッドアイデアだ。恐らく弟子の店ではそこまでは売れてないし。」

「社長なら，弟子に対して仕入値段いくらで交渉します？」

```
カレーパン1個当たり
Ⅰ 売り値        100
Ⅱ 原価
  原価の内訳
    材料費      30
    人件費      20
    その他経費  30  80
Ⅲ 利益           20
```

「もちろん，原価は30円だから，それに若干の利益を乗せてやって40円。」
「じゃ〜。今度は，社長がその弟子になったつもりで考えてみましょう。修行先でお世話になった師匠から材料費30円と利益10円乗せて，40円で卸してくれと言ってきたらどうします？」

「あっ！　そうか！　ダメだ！『師匠，そりゃ〜無理でっせ！　作る手間も経費もかかりますから，』1個当たり80円は掛かりますから，利益10円乗せても90円でないと…』と言うでしょうね。面白いですね。立場によって原価が違うんだぁ！」

「立場というより，原価計算の使い道の違いですね。第1章の⑭悪魔の全部原価」(30頁)で零戦のお話しをしましたよね。海軍さんに見積書を書くときと同じです。」

「なるほど～，あの時も鉄板代などの材料費だけでは，そりゃ～無理だ。」

「全部原価計算は外部報告用の決算書に使われているのと同様に，見積書という外部に提出する際には有効なんですね。」

「ところが，企業内部で使おうとすると問題になるので直接原価計算が良いわけですね。」

「その意味では，同じく経営に使うと言っても，外部向けの見積書などには全部原価計算の方が良いわけです。」

「どちらも経営者が知っておく必要がありますね。先生，使い分けるということですね。」

「さて，90円で仕入れるということは，師匠の店では，100円で売ると10円儲かる。自店で作るより利益が大幅に少ない。これは当然ですよね社長。」

「そりゃ～仕方がない。そこは仕入れて売るという純粋な小売業で製造業とは違ってきますよね。」

「それでも社長，今まで，夜の6時には売り切れてしまい，機会損失を出してお客様に迷惑を掛けていたよりは，良いと考えた…わけです。」

「世の中の人気店は，売り切れ御免で，ず～～っとそれで通している店もありますね。先生，どちらがイイんでしょうかね？」

「これは経営者の考え方次第。生き方とも言えますね。経営スタイルです。それが100頁のまとめでも書いた"今後どうしたいか"の問題でもあります。この方向性（戦略）にブレがあると，迷いで混乱します。」(132頁～159頁参照)

33 またも落としました！しかも売れ残りました！

「それでは社長，その外注仕入のカレーパンを売るようになってからは，そのお店では，夜8時の閉店の30分位までは品切れがなくなりました。」

「とりあえず良かった良かった。これで機会損失もなくなり，お客様の"ガッカリ度"も少なくなりますね。」

「それも大切なことではありますね。」

「でも，先生，『次回は必ず買うぞ！』って気持ちや希少価値は減るかな？ これは，本当に経営者の方向性（戦略）ですよね。」

「社長，その通りです。希少性が高い程，高い売単価Pを維持できます。HiP（ハイピー）が可能になるワケです。社長なら自社ならどうする？ を考えなければなりません。これは第3章で考えることですが…ひとまず一件落着です。」

「難題そうですね。」

「さて，そうして順調に経営をしているある日の午後，またもや店員が袋詰めの最中に落としてしまいました。」

「すると先生，やっぱりこの店は売り切れる店だから機会損失がでますよね。」

「ところが！ この日は午後から大雨になってすっかり客足が途絶えてしまい，結局8時閉店の時には，3個売れ残ってしまいました。当然，でき立てのパンを売る店ですから，この3個は廃棄されてしまいます。この場合の，"落したことによる損失"はいくらでしょうか？」

「先生，それは外注仕入の分かな？　自社製造の分かな？　それによって原価が違いますよね。90円か30円か？」

「それは，まったく分かりません。入荷時点では品質管理していますから，それ以降は，全部！　スマイルカレーパンとして，区別もしません。」

「う〜ん，難しいなぁ〜。原価が分からないとすると…」

「では社長。これもまた，落とさなかったとしたらどうでしょう？」

「落とさなかったとしたら，売れて…じゃないか！　3個売れ残っているんですもんね！　すると…売れ残りが4個になってしまう。」

「すると社長，その売れ残りの4つの損失は，なんですか？」

「それはぁ〜，廃棄損？」

「そうです。と言うことは，社長！　どうですか？」

「落としたら，その落とした時点での廃棄損が1つと，閉店時の廃棄損が3つ。落とさなかったら，全部閉店時の廃棄損が4つ！」

「そうです!!　その通り！　つまり，落としても落とさなくても変わりなし！だから…"落としたことによる損失"はなし！」

「ガ〜ンですね！　先生！　これじゃ〜落とした時に叱れないですね！（笑）」

「ま〜そうですね。道徳的と言うか，守るべき店員の行動に反しているということで，当然叱るべきでしょうがネ」

（蕎麦屋とパン屋の元となる事例は，原価計算の古典的名著，今坂 朔久『経営者のためのダイレクトコスティング講話』（1959年刊，絶版）より引用させて頂きました。）

34 再びのまとめ……そして第3章へ

「先生，すみません！ また，段々全体像が分からなくなってきちゃいました。」
「知恵熱ですね。再度まとめてみましょう。前頁までの10頁を一言でいえば，『利益は現場にある』ということです。」
「それは良く分かりました。それが，それまでと，どう関連付けたら良いのでしょう？」

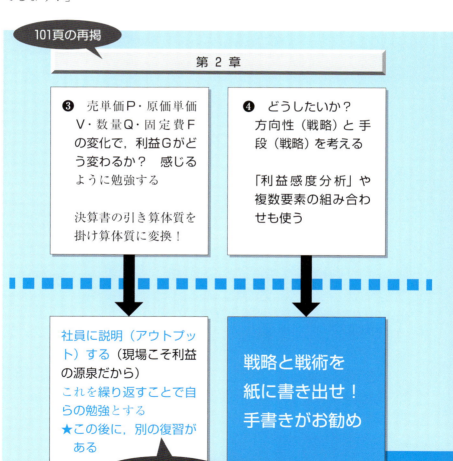

「経営会計は経営者のための会計であると同時に，従業員と社員のための会計でもあります。なぜなら，現場を支えるのは他でも無い彼ら彼女らだからです。経営者が理解していなければならないのは当然としても，現場の人々が理解していなければ，ただ単に経営者のための机上の空論に陥ってしまいます。」

「そうですか。少し不安に思っていたのは，言われてみるとそこでした。」
「社長の思いが現場に伝わっていないのです…」
「とても，分かります。そして現実問題として，強力なるリーダーシップを発揮できれば問題ないのですが，残念ながら，そこまでの力はないのが私です。」

「大丈夫です！ なにしろ私自身も，そこまでのリーダーシップもない中，事務所経営をやっているのです。」
「ほぉ～それは，妙に勇気づけられますね。先生は何故，そんな中，このような活動をされているのでしょうか？」

「良い質問ですね。私の中には『世の中は天才ばかりで成り立っていない。』という信念があります。普通の人が普通に生活できる中で幸福をつかめなければいけないと…」

「安心しました。私もクリーニング店の経営はそんな高邁な思想を持って経営を始めたわけでなく。単に食べる為でした。」
「多くの経営者がそうですね。父がやっていたので引き継いだとか，サラリーマンより自由でいたい，何となくとか……それでも，少しの努力，少しの発想転換でこんなにも幸福になることを知って貰いたいんですね。」

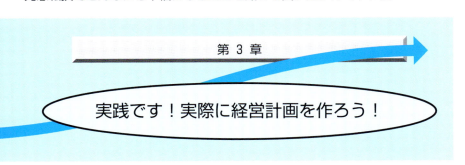

第 3 章

実践です！実際に経営計画を作ろう！

第3章　付加価値 MQ のアップ
実際に経営計画を作ってみる

目の前に危機が迫る！　こんな困難な中，どうすれば良いのか？
前を見る！　しかしそれは売上でなく，付加価値MQ！

「売上を2倍にする！」というのは，そもそも目標としては正しくありません。「粗利益（付加価値MQ）を2倍にする！」のです。

P・V・Qの各要素を5％努力して，3カ月に1度買っていただいたものを2カ月に1度買っていただければMQは2倍以上になるのです。

1 経営は逆算である！

「第1章で紹介した経営コンサルの大御所であった故一倉定の『経営は逆算である。』という言葉は税理士としても私の中に生き続けています。」
「そしてワシは，先生から第2章での様々な**シミュレーション**，特に**損益分岐点**では利益Gが0ならば…で簡単にできると教えて頂きました。」

「26頁の利益Gが5円減ってしまうので，元通り1億円の利益にするには？もまさに逆算で，その時に利益を上乗せする計画もお話ししましたね。」
「そうか！　もう様々なところでやってたんですね。」

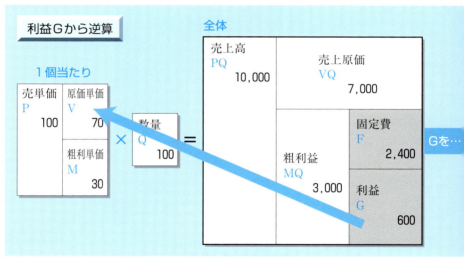

「では社長！　利益Gはいくらにしたいですか？」
「げっ！　いきなりですかぁ！　う〜〜ん。結構難しいものですね。利益Gをいくらにしたいか？　なんて，今まで考えもしなかった！」

「まずは社長がそれに気付くことが大切です。多くの経営者はそうなんです。目標利益を決めていないのです。ただ成り行きで，決算書ができたら，『あっこれだけだったか！』なんです。」

「そ，そうなんです！　恥ずかしながら…」

「利益を考えていない。簡単に言うと，口にこそ出していないけれど，『経費（固定費）を払えれば，回ってゆくから，現状のまま，いけばイイやぁ～』と胸の底で納得しちゃっているんですよね。だからそう思った通り利益が０になる。」

「ぐっ！　言われてみると，その通りですね。今年も去年のようにつつがなく…」

「別にスピリチュアルな話ではなく，思った通り利益は０前後になり，将来に対する準備ができないことになる。そもそも利益は何故必要ですか？」

「う～～ん，来年以降の投資をするため…かな？」

「社長！　よく分かっていらっしゃるじゃないですか！　企業は存続し続けなければなりませんから，そのためにも次の投資をしなければなりません。」

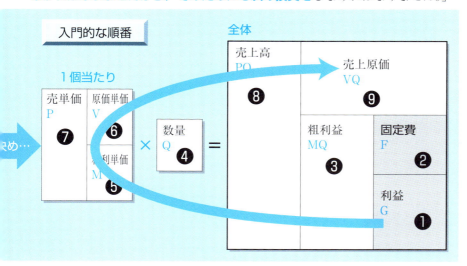

「良かったぁ！　合ってましたか。そのために利益を出さなければならないですよね。ふぅ～冷や汗ものです！」

「で，その❶利益を出すために，設備や社員が必要ですからこれが❷固定費Ｆですね。すると自動的に，合計ですから，❸稼がなければならない粗利益ＭＱが出ちゃいます。❷の固定費を出した時に既に何個作るか腹積もりがありますから，❹の数量Ｑが出て，それで❸の粗利益ＭＱを割ると，１個当たりの❺粗利単価Ｍが出ます。❻の原価単価を加えると❼の売単価Ｐが出ますね。」

「その後は先生，数量Ｑを掛け算すると❽売上高❾売上原価が出ますネ。」

2 まずは実際に数値を入れてみる！(1)

「はい，では社長，改めて。利益Gはいくらにしますか？」
「う～ん。衣替えの繁忙期には100万を超えることもあるけれど，赤字の月もあって…平均すると50万円前後ですから…」
「じゃ～100万にしましょう！」
「えっ！ いきなり繁忙期並みを毎月ですか？ そんな無茶なっ！」

「社長！ 自由です！ 経営会計は。ここだけの話で大風呂敷をいくら広げたってまったく自由です。どこに出すわけで無し！ 思いっきりやってみましょう！ ダメなら計算し直すだけなんですから！」

「そ，そうかぁ！ ついつい現実を考えてしまう悪い癖ですね。」

「それに社長，第2章のシミュレーションでも分かったように，売上を10%アップさせただけで利益は2.67倍にだってなるんです。」
「そうでしたぁ！ これもつい忘れてしまうんです。じゃあ100で！（笑）」

「次の手順❷は固定費Fでしたね。今，どれだけ掛かってます？」
「決算書でいうと…どこを見れば良いのでしょ？ すみません。」とペコリ。
「たとえば，10頁で見た損益計算書を例にするため右に載せましたが，ここの真ん中あたりにある「販売費及び一般管理費」の合計899万円と，その下の営業外費用の合計6万円の合計ですね。

「あ～～ん，なるほどぉ～。こんなに20行以上あるのを，一括りにして固定費Fにしちゃってイインですかぁ？」

「これが制度会計の悪いところで，固定費Fなんてものは，人・物・金・情報…程度の４種類…これも会社によって自由ですが，この程度に分ければ十分で，制度会計では無駄遣いの追及に走りやすい傾向があって，それはそれで重要ですが，そんなことを言うならば，より経営のために重要である売上が何故１行なんでしょうね！　社長の企業なら店舗別売上とかで何行も使うべきでしょうが，外部利害関係者から見ると，どの店でも売上自体は同じですから興味がないんです！　だから１行！」

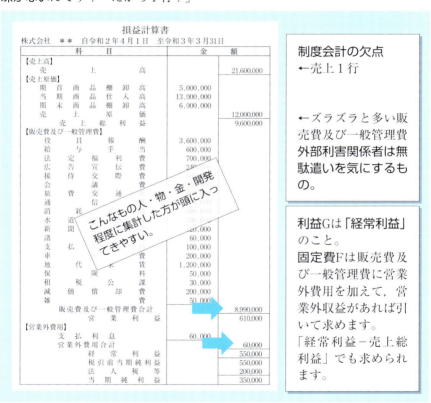

「なるほどぉ。ここにも制度会計が経営に役立っていない証拠があるんだ！」
「ちなみに，利益Gは損益計算書の"経常利益"を指し，その下に特別損益があっても毎年のことでは無いので無視し，経常的な税引き前の利益です。」

3 まずは実際に数値を入れてみる！(2)

「すると…社長の所の固定費Fはいくらですか？」
「この事例とほぼ同じ位ですから900万円ですね。」
「はい，すると手順❷の固定費Fが決まると自動的に❸粗利益MQが決まり1,000万円，これだけ稼がなければならないわけです。

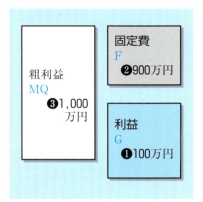

「次は❹の数量Qですね。ウチの場合は数量Qは客数がイイですね。」
「いやいや，117頁での順番は入門的な順番ですから，分かりやすいように❹は数量Qにしましたが，実際に計画を作る場合の最初は"現状の1個当たり"であるP・V・Mを先に入れることが多いでしょう。」
「へ〜っ？　そりゃまたどうして？」

「"1個当たり"あるいは"1人当たり"というのは企業の実態を如実に表していて，そ〜やすやすと変更ができないのです。」
「そう言えば，おいそれと値上げも外注先に値下げ要求もできないワ。」

「それは利益感度分析のところで見ましたよね。効果があるが困難度も高い。容易なのは固定費Fと数量Q…だから最初はこれで作ってみます。もちろん最初から"1個当たり"に果敢に挑戦する方法でも結構ですよ。」

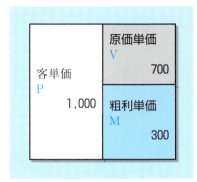

「ウチの場合は，客単価Pは…これは比較的資料があるんですよ。毎日レジで締めて睨んでいますからね…最近はまとめて出す人が増えてきて1,000円と言ったところでしょうね。」

「そうですね。現状で資料があることからスタートするのがやりやすいでしょう。すると，第１章でお話し頂いたように，単価原価Vは７掛けということでしたから700円で，粗利単価Mは300円と❹❺❻が一挙に揃いましたね。」
「すると先生！　目標の客数が出ますネ！　ワクワクします。」

「下図のように，稼ぐべき粗利益MQが1,000万円で"お客様１人当たり"の粗利単価Mが300円ですから，割ると月に33,333人。」
「ウチは週休１回で，ひと月は25日ですから，１日当たり，1,333人！　こりゃ～忙しいワァ！」

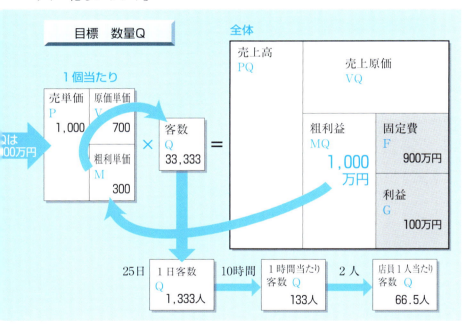

「そう！　今，社長は自動的に１日当たりに換算されましたよね。そして実感なさった。それが重要で。ピンと来る数字まで落とし込まなければ行動につながりません。さらに，１時間当たり，店員１人当たり……と割って行くと，実現可能性が見えてきます。」
「店員は２人なんですが，店員当たり１時間で66.5人は相当キツイわぁ～。」

4 出た結果に対策を アレコレ・ジタバタ考えてみる

「社長，どうですか？ さきほどの計画は…」
「正直，実現は難しそうですねぇ。対策と言えば，店員増強でしょうが…」
「それも，直ちに試算してみれば良いのです。1人の人件費はいくら？」
「社会保険を含めて，月に30万円は必要ですね。」
「早速，代入してやってみましょう！」

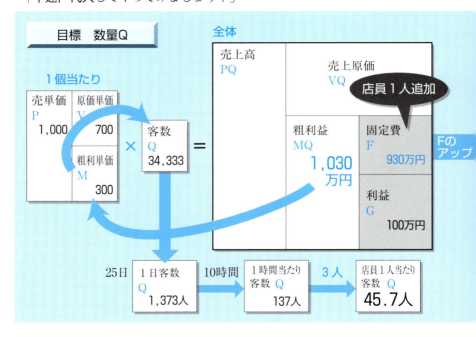

「おお！ 3人になったら，1時間で1人当たり45.7人と随分改善しました。」
「社長，この調子でもう1人増員したら，計算すると，35人にまでなりますがどうですか？」
「でも先生，そもそも，前頁の客数Qの33,333人でさえ難しいですね。現在は多忙期で31,500人位ですから6％近く増客しなければなりません。」
「そんな時はどうするんでした？ 社長。思い出してみてください。」
「思い出す？ …そうか！ 客数Qのアップも同時に考える。複数要素ですね。」

第 3 章　付加価値 MQ のアップ　　123

「どんな方法があります？　クリーニング店では**チラシを入れますよね。**」
「でも 1 回当たり数十万円もかかります。何回も入れると固定費 F だけ増えて，また増客目標が増えてしまうので，何か別の…たとえばグーグルマップとの連携を図る工夫や LINE で会員を増やすのは効果的だと聞いています。」

「それにどれ位，かかりそうですか？　何百万円も掛かる？」
「いえ，頼む所にもよるでしょうが，100 万円位でできると思います。」
「そうすると，今期に 100 万円の支払いをして，専門家に依頼しながら社長自らも学びつつ，それは今期の経費になるでしょうが，効果はいつまで及びそうですか？」
「今期中に効果を出したいとは思いますが，未知数なので，少なくとも 1 年

更に，客数 Q アップ作戦

各年度の負担分

	当期	1 年後	2 年後	3 年後	4 年後
支払い	100 万	0	0	0	0
効果配分	0	90 万	100 万	120 万	50 万

経営者の先見による効果の及ぶ年数

後には 100 万円の内，90 万円分の効果を出し，2 年目以降，それを上回る効果を出すようにしたいですが，ネットの世界は廃れるのも早いので 4 年目位には次の対策を考えなければと…」

「そうそう！　それでイインです。その考えを会計年度を無視して，数年平均で前頁の図に現すも良し，あるいは，会計年度に従って上の表の固定費 F を社長が効果が及ぶと見込む年数に配分して検討しても良し！　自由に。」

5 「となりのトトロ」(?) で「採算をデザインする」

「社長，今の"経営計画"は，決して机に向かって難しい顔をしてやるものではありませんよ。」

「へ？ どういうことですか？」

「普段の何気ない時に社長の脳裏に浮かんだ瞬間に，その経営方法なり，新製品や新市場なりを成功させるためには，どうすればイイだろうか？ …経営者はいつも考え続けています。」

「そ〜なんですよねぇ〜。皆わかっちゃくれないけどね。」

「だからこそ，**白紙にササッと描けるように**なって欲しいんです。経営計画はまず書くことが大切だからです。**書くと次の段階へ進めます**。頭の中だけで『あ〜したい，こうしたい。』と思い巡らしているだけでは，次の瞬間に雲散霧消してしまうからです。その採算をデザインするツール（道具）がSTRAC（ストラック）なんです。**決算書の形式では発想できません**からね。」

損益計算書	
Ⅰ 売上高	10,000
Ⅱ 売上原価	7,000
Ⅲ 販売費管理費	2,400
Ⅳ 営業外費用	0
経常利益	600

「先生，**採算をデザインする？ いい言葉**ですね。」

「ところが，皆さんに白紙に書いてもらうと，妙な図になるんですね（笑）。下のような…ネ。」

「アララ，ほんとですね（笑）。でもワシも白紙に描くとこんな風になるかも。」

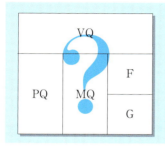 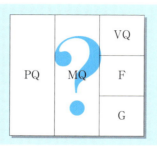

「"1個当たり"と数量Qは何とか描けるようですが，四畳半の畳の敷き方がどうもネ。そこで便法を考えました。」

「ほう〜一計を講じたわけですね。どんな工夫をされたのでしょう？」
「ま〜笑い話程度に聞いてください。このSTRAC図を開発された西順一郎先生には申し訳ありませんから。でも覚えてもらうために下図を考えました。」

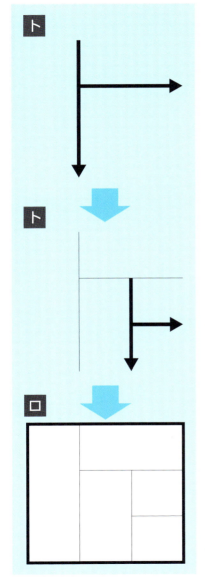

「お絵描き歌？　ですか」
「そう〜まず，カタカナで"ト"と書きます。

「はい，書きました。」

「次に，その右下に，小さくまた"ト"と書きます。」

「はい，書きました。」

「最後に，全体を囲うように"ロ"と書き，完成！『"トトロ"って覚えるんです！』と言ったら，ある年配の経営者の集まりで『それがどうかしたのかね？』と言われてずっこけましたが…若い人には受けまして，それ以来『トトロの先生！』と呼ばれるんですね。まあ〜お腹の出具合から言われたんでしょうけどね。」

「確かに！（笑）」
「こうして，割りばしの袋でも，テーブルナプキンにでも，フト思い付いた時にアイデアを書き貯め，次へと積み上げていくんです。

6 やはり，避けて通れない「難関への挑戦！」

「では社長，第3章の最初からを振り返ると"経営は逆算である"として，とにかくまずは数値を入れて作って頂き，その結果に対してアレコレ・ジタバタと考えてもらいました。」
「それを，いつでも考えられるように，トトロの図？ も教えてもらいました。」
「社長，そうこうしていると，やっぱり…と思うことがありますよね。」

「先生，そ～なんです。先ほどのグーグルマップやLINEで会員を増やすにしても，効果的であればあるほど，ノウハウなり何なりを構築しなければならないんです。ま～ラッキーがあれば別ですが。」

優先順位	要素	600円の利益がいくらになったか？	利益感度
1	P（売単価）	1,600円	2.67倍
2	V（原価単価）	1,300円	2.17倍
3	Q（数量）	900円	1.5倍
4	F（固定費）	840円	1.4倍

＊原価率が低い場合や赤字の会社では利益感度が変わります。

「先ほどのグーグルマップやLINEで会員を増やす対策は，**数量Qアップの対策**でしたから，利益感度分析では下位の対策で，困難度も同じくらいでした。しかし利益感度分析でより効果的なVダウンやPアップ，すなわちMアップになる対策ほど，その実施の困難な事柄への挑戦が欠かせません。」

「やっぱりねぇ～」

「その対策が無い内は，利益感度分析では安易な方法である固定

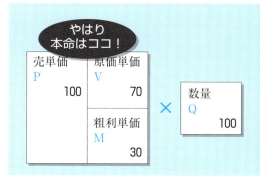

費を減らすなり，頑張れる数量Qをがむしゃら売って，働き方改革を無視しての長時間労働。」
「今の日本の多くの中小企業の現状ですよね。」
「それでもダメなら，社長どうします？」

「それでもダメなら？　仕方が無い，やっぱり値下げ……かぁ」
「そう！　しかし値下げは，利益感度分析からも最も利益に影響しますから，成長業界でマーケットつまりパイが大きくならない限りは51頁でシミュレーションしたように，たちまち収益力を悪くします。」
「先生，今は少子化でパイが小さくなりつつありますから，ライバル企業とのパイの喰い合いの消耗戦に陥りますよね…」

「不毛です。やはり王道はPアップ・Vダウンで革新的対策をすることです。その支出である固定費Fは，節税にもなるのですから，未来のために投資しなければなりません。時には，会計年度を無視しての採算把握が必要です。」

「それに先生，左表や74頁で見てきたように，固定費Fへの投資は，利益感度分析では低いので思いっきり使えますね！」
「くれぐれも効果がある支出であることを前提にですが，しかし失敗はつきものですから，この点，バランス感覚が重要です。だからこその経営会計！」

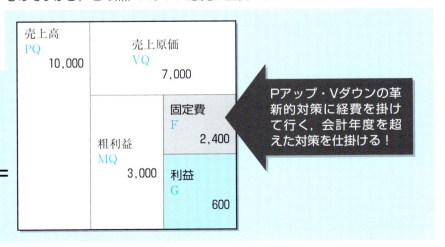

7 重要なのは「付加価値MQ」の最大化

「社長，勘違いしないで欲しいことがあります。重要なのは粗利益MQです。Pアップ・Vダウンが利益感度分析の上で効果的だからと，それに固執してはなりません。」

「分かります。複数要素の組み合わせですね。これまでも何度か見てきました。え〜っと，52頁では，Pアップ10％アップ＋Qアップ10％アップを同時に行った場合の相乗効果は見事でした。PとQそれぞれを単独でアップした場合の利益Gの合計1,900を超えて，2,000になった。」

優先順位	要素	600円の利益がいくらになったか？	利益感度
1	P（売単価）	1,600円	2.67倍
2	V（原価単価）	1,300円	2.17倍
3	Q（数量）	900円	1.5倍
4	F（固定費）	840円	1.4倍

＊原価率の低い場合や赤字の会社では利益感度が変わります。

「その通り！ 利益感度分析の上位項目であるPと下位項目のQとのコラボでより効果が出ますネ。」

「それから先生，58頁のVダウンとQアップなんかは，単独でPアップした

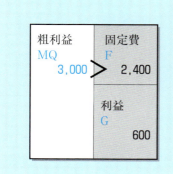

経営の要諦 MQ＞F

こうなる，
あらゆる組み合わせ
創意工夫

場合の利益Gの1,600を超えて，1,610になったのは驚きでした。」
「要は，どんな組み合わせでも良いのです。掛けた固定費FよりもMQが大きくなれば絶対に利益Gは出るのです。」

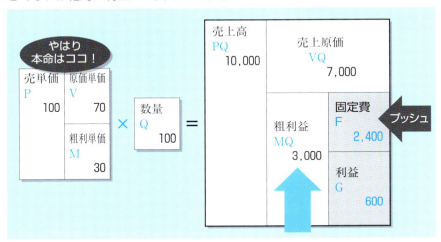

静かな月光に支えられ本命の太陽が輝き，
女神本体がアップして行く…

8 中小企業の我が社ごときにできるのだろうか？

「でも先生，正直なところ，具体的にどうやって？　と言うところに不安がありますね。我々のような平凡な業界で，資金力もなく，何ら革新性を見出せない中小企業にとって一体具体的にはどうしたらいいのだろう？　って…」

「分かります社長。私もお客様の所へ行って一番よく聞く質問です。それでも，それを信じて努力しない限りは道はありません。「信じる」は他者へではなく，最初は自己に向けられるべき言葉です。ある日忽然と言うラッキーは稀で，そのラッキーがあるにしても，ある程度の自己・自社の持つ特質がなければ，偶然の出会いで見出されることすらありません。」

「努力していると誰かが見ていてくれて…という偶然があるかもしれないけれど，目に留まる最低限の秀でた力を持っていないといけないんですね。」

「できないと思ったら，その瞬間，先はありません。どちらを選びますか？　という問題です。それも自由です。しかもその道は険しいことは間違いありません。それでも選ばなければ輝ける未来はありません。どうしますか？」

多くの人々は易き道を選択する……
その中で貴方は？

第3章　付加価値MQのアップ　　131

「もちろん，険しい道を選択します！　洗濯屋ですからね！」(笑)
「ハハハ，その陽転思考も実は大切ですよ社長！　安易な道の先には，その程度の喜びしかありません。ここでは精神論は説きませんが，それでも弛まぬ努力・諦めない強さ・辛抱といった人間的な要素は欠かせませんね。天才ですら努力で勝ち取るのですからね。これに関する偉人伝や世の中で名を成した先人達の本はそれこそたくさん出ていますね。それを読んだりお話しを聞くことで勇気付けられることも必要でしょう。数頁だけはお付き合いください。」

「"よしワシも！"と奮い立つことですね。」
「松下幸之助氏の講演の"ダム式経営の必要性"という有名な話があります。」
「ほう〜あの経営の神様と言われた松下電器の創業者ですよね。」
「これは，京セラの稲盛和夫会長からの受け売りですが，稲盛さんも受講生で参加された幸之助氏の講演で氏は『中小企業は余裕がないから，ダムを作っていざという渇水時に備えるダム式経営をしなければならない。』と説かれたそうです。そうすると質疑応答の際に質問者が『我々中小企業は，そのダム式経営をやろうという余裕がないから困っているんですが，どうした

イメージです。

ら良いでしょうか？』と問われ聴衆は一同"そうそう"と言わんばかりの雰囲気になったそうです。固唾を呑んで聞き入る聴衆に向けて幸之助氏は『それには，まずダム式経営をやろうと思うことですな。』と答えられ，会場はガッカリにも似た笑い声で包まれたそうです。が，独り，稲盛さんだけは『なるほどぉ〜！　そうか分かった！』と思われた…というお話しです。」
「いや〜実に興味深い良いお話しです。」

「こればかりは，自家発電でなければなりません。そして，その発電は困難に遭遇する都度，消えかける炎を燃え立たせるために何度も必要で，平凡な日々であっても，毎朝起きるたびに感謝と共にエンジンを始動させねばならないのです。そのように，"習慣は第二の天性"と言われるように重要です。」

9 思い立って方向を決める　だが見つからず

「では先生，思い立ったとして，精神論ではない何か方法論があるのですか？」
「いくつもあります！　ただそれを，これまた信じて継続できるかだけです。」
「思い当たりますねぇ〜三日坊主は数限りありませんものね。」

「そこで私がお勧めする，会社の付加価値MQを増大にできるであろう，言い換えれば，花咲くまで何年か掛かる間，継続されるであろう方法論を2つだけご紹介しましょう。中小企業では社長＝会社と考えて，以下，個人である社長に絞ってお話しします。社長個人がやる気になることが問題ですからね。」
「先生確かに！　皆を巻き込むには最低限，社長がやる気にならないとね。」

「まずは1つ目。社長が寝ても覚めても，『これをやっている時は遊びやなぁ〜』と思うことを書き出してください。」

「へ？　遊び？　楽しいこと？　趣味ですか？ゴルフとか釣りとか…でも良いの？」
「はい結構ですよ。…と言っても多くの社長達が1〜2個で筆が止まります。」
「ワシも止まってしもうた！　意外とないな。」

遊びを
せんとや
生まれけむ
「梁塵秘抄」より

「恐らく今ここでは出尽くすことはないでしょう。今後も自らに問うてみて，『俺は何がとことん楽しいんやろう〜』と心の棚卸をしてみてください。」
「よく，趣味で定年後はゴルフ三昧！　と思っていて，定年になったら直ぐに飽きてしまったということを聞きますよね。それは実は"寝ても覚めて好き"ではなかったわけですね。」
「その通りです。決して飽きないモノ…すると1つも無くなってしまう人が多いはずです。イチロー選手のように小学生の頃から，野球だ！　と決まっている人は非常に少ない幸福な人です。ストレス解消のためだけに，やってみたいと思うことではなく，心底楽しめることを探してください。継続以前に，そもそも見つからないのが普通で，原石を探し当てられたら幸福です。」

「先生，これはどういう意味があるんでしょうか？」
「たとえこれが楽しいとしても，自分の付加価値として社会に役立つほどの価値を持たなければなりません。そうすると，ただ死ぬほど好きであっても，それは未だ未だ売り物にはならない平凡なレベルで，そこで商品化したとしもお客様からは付加価値はありません。"下手の横好き"で，落語の『寝床』と同じです。」

「積小為大」二宮尊徳

「知ってます。知ってます。浄瑠璃好きの店主から耳を塞ぎたくなる声を聞かされて，周囲は迷惑という話ですね。」
「そうです。他人に価値を認めてお足を頂き，高値が付く程に，修行が欠かせません。」
「修行ははやり辛いものですよね。」
「そこで死ぬほど好きで楽しければ遊びと同じで続けられるというわけです。」

「"好きこそ物の上手なれ""得手に帆を揚げて"ですね！」
「これらの名言が座右の銘に多いのも，それが見出し難いとの裏返しです。

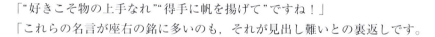
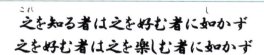

之を知る者は之を好む者に如かず
之を好む者は之を楽しむ者に如かず
『論語』雍也第六編より

　これは古来多くの人が愛誦した言葉で，『知る者は好んでやる者には及ばない。好んでやる者は楽しんでやる者に及ばない。』と言う意味です。論語家の伊與田覺氏は，これをも超えるのが前頁の"遊"であると…何故なら知には無知，好きには嫌い，楽には苦という相対する世界があるが，遊には相対するものがない，絶対の境地であると言われました。そもそもホモサピエンスとは"遊ぶ人"という意味を持つほど本性のものですから強いんですね。それでも"好き"は"遊び"の入り口ですから重要です。ですから好奇心は大切ですね。」
「先生そこまで深いんだぁ～。これは経営的に言えば，絶対的差別化を目指せるものですから最強ですよね。」

10 方向を決めた　しかし継続は貴方任せ

「いやぁ～先生，思いの他難しいものですね。ちょっと心の棚卸に時間がかかりますね。」

「『子曰く，我五十にして天命を知る。』と言う位で，孔子様でも五十ですから凡人は気付けただけで果報者です。」

「なるほど…で，すみません，凡夫としては，方向の見つけ方の2つ目が知りたいのですが…。これも難しそうですね。」

「いや，これは簡単です。でも継続が難しいのです。さっきと逆ですね。」

「ほぉ～やはり三日坊主には厳しいですね。」

「好きでなくとも切羽詰まった何かの強力な欲求があるか？　です。」

「はて？　ワシの切羽詰まった強力な欲求と言えば…何かな？」

「下品な話ですみませんが，社長がここで急に下痢になったとします。」

「そうか！　確かに切羽詰まった強力な欲求に突き動かされて，恥も外聞もなくトイレに走るでしょうね。」

「資金繰りに窮している人のお金への欲求，思春期の異性への欲求，飢餓寸前の人の食べ物への欲求等ですが，普通はある程度満たされているのですが，それでも，もっと金持ちになりたい，もっとモテたい，もっと美味い物が喰いたい…といった原始的欲求があれば，それを梃子にするのです。その意味では，前頁とは異なり好きではなく，我欲から入るのですが，私欲に戻づく所有権で成り立つ資本主義はよくできた社会システムですね。」

「人はそのために，将来のために，働いたり，勉強したりしますものですよ

ね。あ〜企業と同じですね先生。」

「それでも，自分の欲求なのに，残念ながら，それが続けられない。これは万人に共通しています。私が関与先に訪問して，指導すると，どうしてもお客様のことを思えばこそ，最後は実践を求めます。実践しなければ成果は出ませんから当然です。実践すれば儲かって自分も嬉しいし，家族も嬉しい。社員も嬉しい，税務署だって嬉しい。取引先も嬉しい。ライバル企業を除いてすべて嬉しい…のに何故か行動しない。」

「何故なんでしょうね。ワシも自分の胸に手を当てて考えてみるんですが…」
「それは簡単です。その実践は辛いからです。この本を読んで勉強するのだって大変です。普段やり慣れていないことです。」

「確かに，ワシも今朝から冷や汗の連続ですもんね。自分のことなのに…」
「子どもも同じです。勉強すれば成績が上がって嬉しい。親も先生も喜ぶし褒められる。なのにやらない。」
「千里の道も一歩からと分かっているけど辛いんですよね〜。分かるなぁ〜。」

「狭き門より入れ。滅びに至る門は大きくその路は広く，これより入る者多し。」
『新約聖書』マタイ伝第七章

「そこで戻ってしまい，安易な道を選択してしまうのです。それは，制限する物心があるからです。厳しいのは嫌だ。だから切羽詰まらないと動けない。企業でいうならば，いよいよ資金繰りに窮してくるとバタバタし始める。しかし多くの場合，時すでに遅く。手遅れであったりします。」

11 好き嫌いは表裏
嫌いでも欲求があれば何時かは

「いやぁ〜参ったなぁ〜。先生にズバリ言われちゃいましたよね。ワシの場合は，前項の目的を決める2つの内，"死ぬほど好き"はまだ見つからず，もう一方の"嫌いでも仕方がない。生きていくために頑張る"の方ですね。」

「ほとんどの人が実はそうなのです。だからこそ，嫌いであっても，今を楽しむのです。それは最初の"好き"につながっていきます。」

「今苦しくて，好きでもないものだけど，石の上にも3年と，集中していると愛しくなってくるって，よく先人の言葉にありますね。」

「今をエンジョイする。楽しむ。練習にすればよい。と…陽転思考はここ

嫌いの中にある好き。嫌いを陽転思考して，今を楽しむことで愛おしくなって，やがて取り込んでしまう。が，逆もまた真なり。

で最も大切なんです。これだけでも根暗の人は変えるのに数年の修行が必要なんです。天性で根明の人は，それだけでも大いなる救いです。」

「あ〜それで,さっきの"洗濯屋"と冗談を言った時に褒めてくれたんですね。」

「しかし精神論だけではダメで，もっと合理的手法でなければなりません。そして，さらにその上に，これまでお話ししてきたような会計の知識を乗せるというのが本書です。」

「合理的手法で精神的な実践をサポートしてくれるということ？」

「そうです。ただし，それが本書のメインテーマではありません。世の中に

はその良書はたくさんでています。早起きや感謝，睡眠法に至るまでそれこそ五万とありますから，生活習慣改善などはお任せし，1つだけを取り上げます。」

「集中してやがて好きに取り込むようなことですね。」

「その集中のためには，何に集中するかを明確にしなければなりません。利益感度分析で，利益感度の高いものに集中するのが効率的であると学びました。そして78頁で学んだように『戦略とは何をやるか？』であることですから，逆に言えば，何かをしないことでもあります。これを同時にやるのです。」

「何に集中し，何をしないか！　…少なくとも効率的になることは疑いなさそうですね。」

12 「やるべきこと」と「やってはいけないこと」(1)

「そのためには，整理をつけないといけません。人には瞬間・瞬間にやるべきことが200以上はあると言われています。当然，ひと時にできるのは1つしかありません。」

「200もですか！　考えてみれば，仕事上のことばかりでなく家庭のこともありますから，雑事も含めるとそれでも足らない位ですよね。」

「時間と言う資源は，中小企業にも平等で，金が無い・人がいない・物がないと"無い無い尽くし"を嘆くよりも，平等な時間を有効に使うことです。」

「時間という要素が登場するんですね！」

「そうです。実はPVQFGの5要素に時間を後から加えますが，会計年度を無視することも時間軸の活用に他なりません。が，ここではもっと簡単です。」

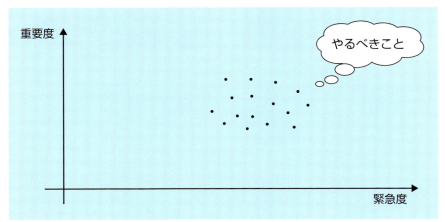

「重要度を縦軸にし，横軸には緊急度のグラフを描き，やらなければならないことをこの中に配置します。」

「重要度が高くて，緊急度があることは右上に位置し…と配置するわけですね。」

「すると右頁のように4つの象限に分けることができてきます。」

「頭の中では恐らくやってはいることですが，より明確になりますね。」

「しかし社長，頭の中のワーキングエリアは意外に容量が小さくて勘違いを

起こすのです。ですから意識的にできるように書き出すのです。」

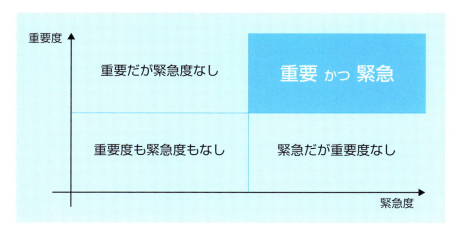

「先生，頭の中では"重要かつ緊急"のモノに集中しますよね。」
「そう！　ですから，他の3象限は，通常区別されずに"その他"になっていますね。そこが問題なのです。重要かつ緊急なもの，すなわちクレーム処理や資金繰りは良し悪しを別として，忘れるようでは認知症の疑いがある世界ですから，これはここでは取り上げません。説明のためにマス目にA・B・C・Dを付けましょう。」

13 「やるべきこと」と「やってはいけないこと」(2)

「Aのエリアは当然やるべきことで，これをやらないようではリーダー失格ですからここでは述べませんが，念のために申し上げれば，クレームや事件で記者会見する折に，責任者であるべき社長が出てこないようなことが行われて問題をこじらせる…という重要度の誤認には気を付けなければなりません。」

「ありますね〜そう言うこと！　そう言う意味ではDエリアはやってはいけないことですから，述べるまでありませんね。」

「そうです。問題外です。しかし，通常これをやるほど暇じゃないので，大抵はできませんので，結果は同じです。より注意する必要があるのは，働き者の社長です。働き者故に現実問題としては中小企業ではプレイイングマネージャーであるために，これに忙殺されている経営者が多いように見受けられます。一刻も早く抜け出さなければなりませんが，それはさて置き…」

「そうか！　ワシなんか現場ばかりで，これに陥っている可能性あるなぁ〜。」
「社長。その対策は次のBエリアと共通するので一緒にお話ししますね。」
「気が付かなかったので，ご指摘ありがたいです。よろしくお願いします。」
「より深刻なのはBエリアです。Bエリアの仕事は，具体的には電話・来客・

データ入力・定型処理などです。もちろんAエリアであれば別ですが，特に予告も無くフラリと来る来客に対応していてはダメなのです。意識的に社長は『やらない』という決断をしなければなりません。」

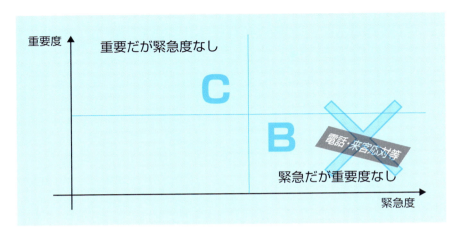

「あるある！　表敬訪問や営業訪問を受けることで1日潰れることすらあります。先生は事務所でどうされているんです？」

「一切，電話には出ません。まずスタッフが出て，判断させてから必要ある時に取り次ぎます。すると1日に一度も出ないことも常です。来客もアポがなければ会いません。今日の社長とは事前にスタッフがセットしたアポでしたよね。こういうことで時間を捻出します。」

「なるほどぉ〜。ワシなんかいつも『ハイいらっしゃい〜』ですからね。」

「プレイングマネージャーはマネージャーに特化しなければなりませんね。電話や来客は，目の前に登場するので時間的に切迫した感じがあるので，ついつい手や顔を出してしまうのです。」

「反省しきりです。Aエリアの仕事がないと，心晴れ晴れで，Bエリアの仕事をしちゃいますよね。」

14 「やるべきこと」と「やってはいけないこと」(3)

「Aエリアの仕事がある時は、それで手一杯です。そして平時になって、ノーコントロールだと、ついつい目の前に相手から出てくる電話・アポなし来客応対の見せかけの緊急度に翻弄されて時間を使ってしまうのです。」

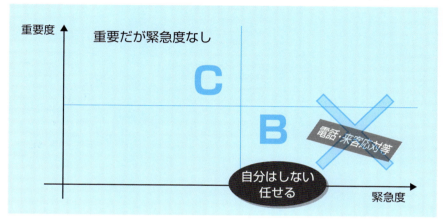

「ということは先生の事務所のように、自分ではしないこと、任せるってことですね。」

「そうです。あるいはシステム・組織・ITで対応を任せるのです。このBエリアこそが"やってはいけないこと"なのです！」

「と言っても…簡単ではないですねぇ～」

「はい社長！ も～お忘れですか？『まずはダムを作ってみようと思うこと』なんですよ！」

「しまったぁ！ 長年の中小企業の諦め根性が抜けきれませんねぇ～。よし！」

「飼いならされてはいけません。私の実践では、任せるために、事務所に居ないことにしました。それだけでも、現実に居ないというのはインパクトが大きいですから、現実的に電話を取り次ぐこともできませんし、アポなし来客に会うことも不可能ですからね。」

「それでも，重要ならメールなり携帯電話で連絡を取るでしょうからねぇ～。そいついはイイやぁ～。早速実践してみます。」

「始めの頃は，1日に1度，事務所の終業時間前に"何かあった？"の電話を入れるのですが，その内，本当に無意識にそれすら無くなりました。スタッフの対応力が付く，つまり自分で解決して行く能力がアップしたんです。それに固定費Fはかかりますか？」

「な！　なるほど！　上手い！　生産性が上がったんですね。」
「そこで生まれた時間でCエリアの仕事をします。Aエリアの仕事があればそれで手一杯，無くてノーコントロールでBエリアの仕事をしていると，むなしく集中できずに時間は経過します。ところが，初めからAもBもなければCエリアの仕事に集中できます！」

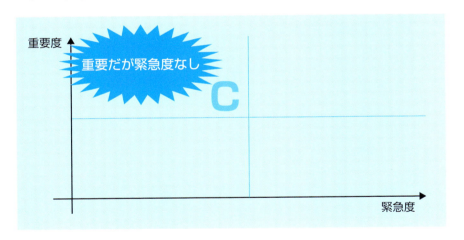

「先生，この項目のタイトルである"『やるべきこと』と『やってはいけないこと』"の前者はAのことではなくCのことであり，後者はDのことではなくBのことだったのですね！」
「社長，よくぞ気が付いてくれました！　その通り。社長の仕事はA→Cでしなければならないのです。他は社員ができても，それは社長にしかできないからです。」
「それをやらない社長は意気地なしですね！　頼もしくないリーダーですね。」

15 飛んでくる矢！多くは事前に分かっている

「さて，社長。Ｃエリアの仕事は具体的には何でしょうね。」

「重要度が高くて，緊急度がないもの…ですから，やっぱりさっきの経営計画で言うならば，グーグルマップやLINEで会員を増やす**研究開発**とかですね。」

「そう，その通り。そしてそれらは業界の人なら多くの人が課題だと思っていますよね。あるいは，現在繁盛している店はそれを先進的にやってますよね。」

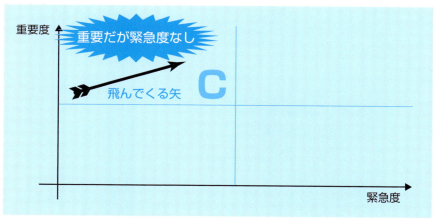

「そうですね。その意味では緊急度が高い，押し迫っているくらいです。」

「早いか遅いか。今の今ではないけれど，やがて迫りくる危機ですね。私はこれを"飛んでくる矢"と言っています。」

「なるほど。確かに。多くは，放置しているので，時間と共にＡエリアの仕事になって飛んでくる！　そうなると…対処療法に追われちゃいますね。」

「そして，２～３年後，５年後，恐らくは10年後には，こうなる，あるいはなりそう…と新聞もネットも色々な情報が飛び交っていて，業界内外合わせて，こうしていかなければならない…というのは，まじめな経営者であれば，必ず思っているはずですし，業界の集まりや業界紙ではそれが話題にならない日は

ありません。すなわち，来るべき未来はある程度は見渡せるんです。」
「それを分かっていながら，ワシも『ま〜だ大丈夫』と放置しておくので，矢は飛んできてＡエリアの仕事として現実に問題化しちゃうわけですね。」

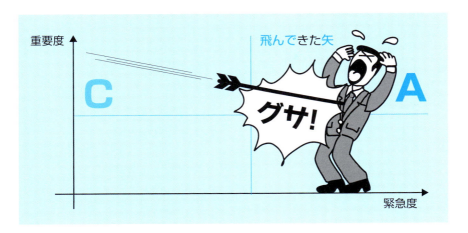

「したがって社長の仕事はＡエリアの仕事が生じないように，常にＣエリアの仕事をし続けることと言えるでしょうね。」
「経営者は大変だぁ〜。先生，ワシにはこの矢がミサイルに見えてきましたワ。某国への対応で国家の経営を担うことは大きいですよね。」

「それは平事にあって有事を常に想定するということで，国家経営でも災害対策でもすべからく同じですね。」
「平事に着々と準備を整えておく，計画的にコツコツと…そうか経営計画ですよね。」

「"経営は変化対応業"と言われるように常に未来に"備えあれば患いなし"と心得ておかねば永続は難しいんです。当然，そこでは業界内だけでなく，国の外交・貿易・国防も含む森羅万象にも言えるでしょうね。」
「さっきのワシのミサイルの例えもまんざらじゃないですね。」

「より身近には，これから伸びる事業，衰退する事業をいう視点ももたなければなりません。大袈裟に言えば"エスカレーター理論"です。これは次で。」

16 伸びる事業と衰退する事業
この機を活かせ

「この2頁は，私の業界，すなわち税理士事務所業界における，伸びる事業と衰退する事業をエスカレーターで表現したものです。」

「でも先生，ウチらの業界でも似たようなもんですよね。家庭用洗濯機の普及で軒並みクリーニング店は窮地に立ち，ノンプレス加工でズボンのラインは消えないので家庭洗いで十分とか…乾燥機まで登場し…」

「社長，さすがです！ そう！ どの業界でもそうなんです。多くの会計事務所の経営は，下図のようにじり貧です。簿記さえ知っていれば…と「100年1日の如し」で漫然と経営をしてきたツケがきたかのようです。」

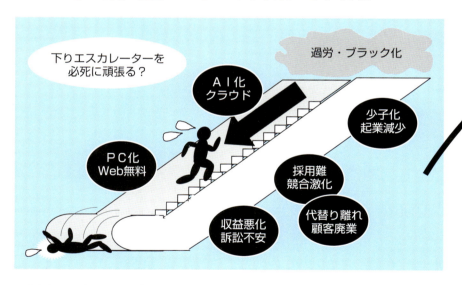

「そうでしたかぁ～。」

「しかし，今，右頁の流れに乗れば，僅かな努力をすれば展望が開けてきます。それには僅かな逆転の発想への気付きと，ホンの少しの勇気だけで可能なのです。大きな資金さえいりません。ビジネスにとって，先見性として未来への潮流を読み解くのは不可欠。そこは，一見すると，面倒でリスクだらけの暗闇にしか見えない。しかし…

発想を転換すれば，チャンスが一杯！

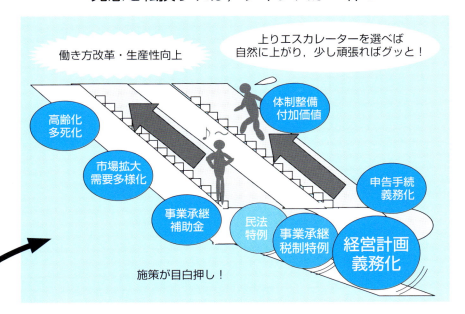

　そして，税理士業界へのメッセージを以下のようにポイントとして書きましたが，どの業界であっても全く共通します。」

```
このままでは，じり貧の経営
時流に乗り，更に付加価値を付ける契機にする
```

　「先生，そうですよね。業界にしがみ付く必要はない！　業界は時々の事業によって変わって行くものですから，下りエスカレーター事業から，上りエスカレーター事業に乗り換えればイイんですものね。」

　「世の中は長い目で見れば，合理的な方に向かっていきます。今は小さな芽でしかない変化の兆しをいち早く見付け出しシフトして行く先見性が経営には欠かせません。それらは合理的であるが故に必ずやトレンドとして主流になっていくのです。」

17　重力で「やる気」がヘタってしまう

「しかし社長，小心なのが人の心で，Ｃエリアの仕事に行ったもの，短期間で効果を得るのは難しいこともあり，Ｃエリアの仕事に居辛くなって，Ｂエリアの仕事に戻ってしまう社長は多いのです。」

「分かりますよ先生。やっぱり現場はワシがやらねば！　って，良い意味では率先垂範，悪い意味でのリーダーシップの欠如ですね。」

「変化が怖い。慣れないことより，今までの慣れた仕事を…とまるで重力に引っ張られるかのごとく，放置しておくと，テンションが下がるのです。」

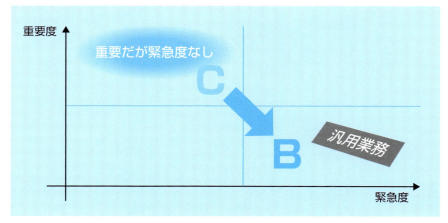

「分かる！　社長業って思った以上に社員の眼を気にするんです。」

「私自身の経験からも『やっぱり任せられないな〜』とＢエリアの仕事に手を出してしまうんですね。社員にとっても社長がやってくれる方が安心だし，自分も責任を取らなくても済みます。しかし社員の自主性もやりがいも奪ってしまいます。」

「手は放して目を離すなっていいますものね。イイこと言うなワシ！」

「そして，オーナーである立場上から，その言いわけは容易に通ってしまい，誰も糾弾しません。」

「皆，イエスマンですもんね。社員って，ありがたいけど注意しなくっちゃ。」

「経営者は怠慢な気持ちとなる重力に反して，使命感で上昇しなければ…しかし一方で，変わろうとしてＣエリアの仕事に取り掛かったリーダーも，余程，

自己規制をしないと元の木阿弥になるので要注意なんです。」
　「AエリアもBエリアの仕事もなく順調で余裕があるからこそ陥ること？」

　「そうです。まずは何が重要なのかを選択しなければなりません。その基準は自分の生き様そのものです。自分だからこそできること…自分はこれが得意だ，好きだ…から始まる選択は先ほどもお話ししましたね。その選択が正しいかどうかは，誰にも分かりませんが，最終的には，世の中に役立つことをもって証明しなければなりません。しかし，その選択時点では分からない。」

　「退くも地獄ですが，留まるも地獄ですねぇ～。」
　「分からないがゆえに，暫しの猶予…あそびが生まれます。のんびりもできます。経営者は比較的自由に家庭のことを，営業時間中に混ぜることも可能です。」
　「ワシも経験しますね。社員に言いわけをしようとしている自分がいます。そんなことしなくてもリーダーたる仕事をしていれば何も問題はないのですが，その本人に自信が持てないので，ついつい…」

　「だからこそ経営計画で達成日を目標としなければならないのです。後は時間だけが縛りです。自ら緊急度が高いとして拡大していかなければなりません。地震や津波や噴火と同じで経営環境変化はいつ起こるか分からないからです。今，既にAエリアの仕事なのです。」

18 何をやるべきか？付加価値アップのために

「先生，段々焦ってきましたよ。明日にも起こるかも知れないわけですよね。」

「でも，着々としか準備はできないのは事実ですから，焦ってはなりません。しかし急がねばなりません。**その選択は"先見力"と言えるでしょう**。これができることがリーダーたる者の1つの大きな素養であり，センスでもあり，備わっていなければ，**修行の目標となるもの**です。」

「先見性がないと社員や家族を路頭に迷わせることになりますもんね。」

「その先見力は，それなりの準備をしていれば，つまり修行ですが，これで意外に備わるもので，**当たる確率も決して悪くはないもの**です。何故なら，

144頁でお話ししたように"飛んでくる矢の多くは事前に分かっている"のです。世の中のリスクや業界の変化などは，多くの情報が出ていて，それを読むだけでも相当程度の確立で方向性，すなわち戦略は決まります。」

「先生，それでも自分にはできるのだろうかって心配なんですよね。正直。」

「では，それに恐れて潰れて行く負け組に入って，生活を脅かされることを甘んじて受けるのですか？ という**強迫観念から自らを奮い立たせる**のが，134頁の切羽詰まった欲求による方法です。それでも良いでしょう続くならば。もしその前の132頁の**大好きで遊べるモノを見出せるなら，より良いでしょう**

ね。しかし，普通の人は，切羽詰まった強力な欲求は感じた方が良いでしょうね。それをコツコツ継続していく中で，楽しくなり，やがては悟ったかのように遊べるようになれば…。まずは切羽詰まった方に引かれるように，が普通でしょうね。」

「う〜ん。気力が萎えてBエリアの仕事に戻ってしまいそうですワ。」
「不安になりますよね。しかし繰り返しになりますが，不安を他人の言葉で解消してはハりません。共感してもらって不安を消したいときによく口走ってしまうことですね。そのとき，一番共感してくれそうなのが，給料を払っている社員のヨイショ発言です。"不安を社員の言葉で解消してはならない"と私自身，自戒しているんです。」

「そうですかぁ〜。とても自信あるように見えますが…。」
「大丈夫ですよ。この先の話を聞くと，それで良いのか！ と自信を持って，果敢に，断固として成果を出していくという不退転の決意もできてきます。これが『まずダムを作ろうと思わんといかん』の真意です。決してぼやぁ〜と思うのではありません。」

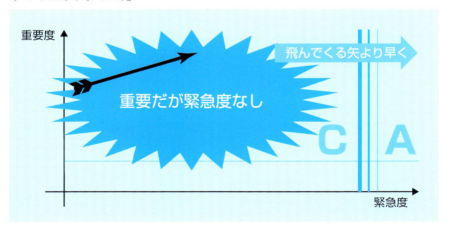

「矢は弓でしなっています。飛んでくる矢より"速く"変化することはできませんが，矢が"放たれる前に"変化することは可能です。」

19 新製品・新サービス・新業態の研究開発

「さあ社長！　勇気をもってCエリアの仕事に挑戦しましょう！　まずはCエリアの仕事を次の2つに区分した管理します。

> ❶　通常起こり得る「リスク」
> ❷　新製品・新サービス・新業態の開発「チャンスメイク」

「❶は簡単そうですね。予測可能なものですね。ということは自社内？」
「ま〜そうですね。ですが、❷以外のものすべてとして、通常の勉強がここに入ります。❷のための事前準備といったところでしょう。」
「先生、それはさっきのCエリアの仕事に集中するための、Bエリアの仕事を幹部に権限移譲をしてまかせ、手を離した上で、目は離さないシステムを作るといったことですね。」

「社長、『ホウレンソウ』を築くとか、災害対策などもここに入るでしょうが、部下に任せることも可能ですね。そう言うものは指揮して行うのです。」
「なるほどCエリアの仕事だからと言って、全て自分がやるんじゃないんだ。」
「❷は将来どうなるかは❶以上に分かりません。でも分からないがゆえに、

自分の生き方・ポリシーをもって方向性を決めなければ見えてきません。その開発の成功の暁には，高度な専門性やブランド力を得ることができるので，企業の命運を決めます。」

「ワシの会社でもこれができたら…とワクワクしてきますよね。」

「利益感度分析で判明しているように，いずれの場合も売単価Ｐアップにつながる要素で，他社にない我が社独自のコアコンピタンスとなる技術やノウハウに裏打ちされたものですから，お客様に高い売単価Ｐが納得していただけるものです。しかし，効くだけに通常は最も実施が困難です。」

「それも利益感度分析でやりましたよね。ここがキツイ！」
「多くの場合に即効性が得られ難いものです。後で紹介しますが，稀にちょっとしたアイデアで達成されることもあります。」
「ほ〜それは嬉しいですね。これも楽しみです。でも真似されやすいかな？」
「社長，今，鋭いことを言われたんですよ！　それがポイントです！」
「え〜〜っ！　そうですか！」

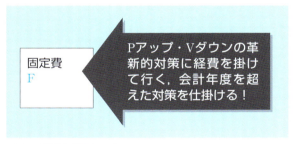

「長期的に確固たる競争力を持つには，それなりの投資が必要です。このときは，財務のバランスを見つつ経営判断をします。そこでは単純な採算計算ではすみません。」

「バランスということは，例の貸借対照表？」

「そうです。資金が要です。運転資金の管理が欠かせません。本書ではそのホンの入り口…入門ですから…しかし，それ以前に，儲からなければ，採算が取れなければ，意味がないので，入り口が最も重要です。」

20　何を開発すべきか？ 真似ればイイ！(1)

「付加価値，すなわち経営会計ではMQで現わされる部分は，確かに売単価Pアップをすることは，計算上は出てきます。しかし，それを実際の自社の経営の中で，何をどうすれば，あるいは，何を新たに創造すれば良いかの答えが出なければ，計算式を実行すべきビジネスが稼働しません。」

「先生，それは失礼ながら，このような会計の話では期待することでもないですよね。」

「社長，おおせの通りです。それでも私のような会計人であっても，否，会計人だからこそ，全てのどんな業種でも数字に還元すると同じで，全て企業が潰れるときには，数字が破綻して潰れていくことを感じ取れるのです。」

「なるほど，つまり，数字の上のセオリーでは"こうすれば良かった"という定石が見えるのですね？」
「社長その定石です。PVQFGもまさにそうでした。だから採算が取れる，儲ける為にはこう言う法則がある…と。社長の経営するクリーニング店などの個々の業界に詳しくなくても，ある程度は，根本が見えるのです。」
「なるほど…すると，その舞台の裏方として，どんな演目の上演許可をもら

い，どういう脚色で，どう演出すれば…良いということは，ある程度分かるってワケですね。」

「そうです。しかしながら，そこは裏方ですから，"こうすれば良い"と思えても，それを実行できる能力は残念ながら，優秀な経営者である舞台監督や脚本家・演出家に敵うものではありません。」

「でも，小さいながらも，先生ご自身での事務所経営もあるという意味では失礼ながら，ミニ経営者。」

「そうですね。こういうのは経営学の学者も同じで，学者が自己の論文の通りに経営できるわけではないのです。簡単に潰れてしまうでしょうね。」

「違いない！（笑）で，そんな裏方＋ミニ経営者としての実践からすると，勝利の方程式がやはりあるんですか？」

「もちろんあります！　……それは"模倣"です。」

「模倣？　真似するってこと？」

「社長，その通りです。ただし猿真似ではありません。でも最初はそれですら構いません。徹底的に真似るんです。」

「俄かには信じがたいが，それはどういう意味ですか？」

（早稲田大学商学学術院教授井上達彦著『模倣の経営学』日本経済新聞出版社刊参考）

21 何を開発すべきか？ 真似ればイイ！(2)

「ここでの話は，経営と会計，すなわち重点は経営会計ですから絞ってお話ししますが，極端な話で恐縮ですが，社長のクリーニング店経営も誰かのやっていたビジネスモデルの模倣ですし，私の会計事務所というビジネスモデルも，昔，誰か業界の先達が考え出した完全なる模倣です。」

「あ〜あの商売，中々儲かるなぁ〜と思ってやりだしたんで。そうですね。」
「私もそうでした。その為には加盟金でお金が必要だったり，税理士試験に合格しなければならないとか，何らかの参入障壁があって，それをクリアして真似させてもらって商売をしているワケです。」

「違いないですね。最初は100%コピーの猿真似だ。マニュアルまであるし。」
「そして，独自で新たな商品なり，新サービス・新業態を考えようとするとき，恐らく社長は周りを見渡します。『何か参考になるモノはないか？』と。」
「だね！　そうするよ。本を読み，ネットで探したり，時には海外視察してね。」

「日本初で，今の世の中で栄えている事業はほとんどアメリカの模倣からアイデアを貰い，触発を受けて，作られたものです。コンビニの創業で有名な鈴木敏夫氏の創業したセブンイレブンは有名な話ですよね。」
「あ〜知らない人が居ないくらいだ。」

「もちろん，アイデア，思い付きの原点はアメリカのセブンイレブンでしたが，コンビニのそれとはまったく異なるコンセプトを後から作り上げた話も有名ですね。」

「ありゃ〜確か，先生。流通の素人だったから作れたって話ですよね。」
「社長！　そこは後で重要なところになってきますね！」
「先生，クロネコヤマトもそうですよね！　大和運輸の小倉昌男氏だけど，

プロの運送業だからこそ気付かなかった盲点ですね。」
「宅配便は牛丼の吉野家から学んだ．牛丼に絞り込むアイデアから，扱い荷物の絞り込みを思い付いた…この手の話は著名企業なら一杯ある話ですよね。」

「ほ〜吉野家からだったんだ。知らなかった。」
「でも，私はこういう大企業の話は余りお客様の社長にはしません。」
「似つかわしくないから？　規模が違うって思われるからですね。」

「そうです。多くの経営者は努力を避け，やらない理由や逃げ場を作って『それは大きい会社だから資本力があるんでできるけれど，我々中小企業は…』と同業者が集まって傷のなめ合いをしている場合が多いんです。」
「それは"ダム式経営"の話で笑った中小企業の経営者と同じだね。」

「そうなんです。しかし気付いてくれないものは仕方がないので，中小零細企業の例もいくつかお話しします。全ての経営者の方にとって分かりやすいのは飲食関係ですから，元祖カレーパンの東京森下のカトレアさんとか，これまた元祖イチゴ大福の中村屋さんの話もします。」

「食べ物は人間，共感できるからね。」

「それでも，今の2店舗の"元祖"は素晴らしいのですが，それをただ単に模倣しただけの店でも大繁盛しているっていうところに価値があるんです。中村屋さんの例では，独創的なアイデアを，ある意味"盗み"に同業者がバスを連ねて買いにきたという
逸話が残っていますね。難しいマーケティング理論を振りかざすより，まず入門は真似です。もちろん，最低限のマナーがありますが…」

22 それでも閾値を超える努力が必要

「芸術の世界でも模倣は一定のルールを守った上で，創造性の根幹をなしていることはご存知の通りです。模倣したものを，他に販売しない限りは全く問題はありませんので，そうして技術を学んだ上で，自分独自の工夫をこらし商品化します。」

「模倣するのは同じ業種とは限りませんよね。」
「社長もちろんです。特にオリジナルのモノを創造するときは，前頁の例のいくつかもそうであるように，全然違う業種やモノ，コトから発想されています。私の本作りも素人だからこそ，出版業界の常識にとらわれないからこそできたものです。」
「へぇ～それは初耳です！　前頁のセブンイレブンと同じですね。」

「もちろん，その斬新さに価値を見出してくれて，２色刷やハードカバーなどの付加価値付けをしたからこそ，商品価値が高まったという編集者の目利きがあればこそ相乗効果が生まれたのです。」
「相乗効果！　出ましたね。53頁ですね。」

「しかし，そこに至るまでは，閾値(いきち)を超える努力をしていないといけません。」
「は？ 生き血？ ドラキュラの？ まさかね。」
「ハハハ，そう〜来ましたか。閾値は心理学用語だったかと思いますが，ある一定の効果を生み出すまでの小さな刺激の積み重ねが，ある一定値を超えると発揮するとき，その超える値を閾値といいます。」
「余計，分からなくなりましが…」

「失礼しました。たとえば，ロケットが地球の重力圏を脱出する速度を"脱出速度（第二宇宙速度）と言って，秒速11.2kmなんです。これに達しないと落ちてきてしまうのです。超えると周回軌道に乗り衛星となります。だから，それに達するまで加速し続け，第二ロケットで加速を繰り返すのです。」
「ほぉ〜〜！」
「人間の能力もこれと同じで，ある一定値になるまでは，"正月に決意する『今年こそ英会話！』と思って暫く続けても，能力が身に付きません。しかし一旦身に付いた能力は容易に忘れないもので，何十年ぶりに自転車にまたがって乗れるのはそれですね。」

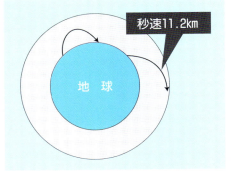

「またまた，ほぉ〜〜！ ですね！」

「ところが，この閾値は物事によっては一定ではありません。特にビジネスの世界では，レベルが上がります。顧客の要望が自然に上昇します。」
「そりゃ〜分かるなぁ〜。昔ならクレームにならなかったことが今では大変ですよ。」
「まして，その値は分かりません。更には過剰品質で，お客様が使えないと開発費が無駄になります。」
「一時の携帯電話がそうでしたね。そうか！ その点，スマホはスマートにして，余分なものはアプリ化したわけだ！」
「その見極めも大事になりますし，それにも増して重要なのは，商品をある程度のレベルでベストタイミングで提供できるスピードでしょうね。」

23 付加価値アップへの更なる経営会計へ

「さて社長！ 今までの付加価値MQアップのための対策を，会計を離れて経営の面から俯瞰してきました。ここでもう一度，会計面に戻って，これをもって経営計画から付加価値を創造できる工夫を構想して欲しいのです。」

「先生，会計と経営は不可分なのですが，何故か分けて述べられることが多くて，その結果，経営者から会計が見捨てられてきたと思うんです。」

「社長，その通りです。それは何故かと言えば，第1章で話してきた"決算書第一主義"で決算書が経営に役立つという大いなる誤解があったと考えています。」

「ホント！ そうですねぇ～。決算書こそが大切と祭り上げてきました。」

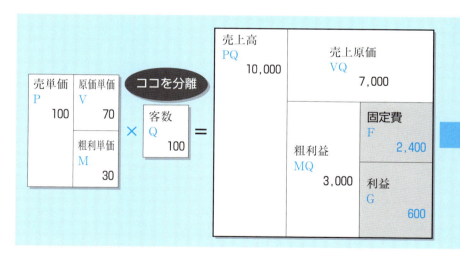

「では，更に次に行きます。経営会計の特徴として"会計年度を無視する"というのがありました。すると，上図を右図のように発想することもできます。

「我が社のクリーニング店でいうと，お客様が月に何度みえるか？ で使うこともできるし，1年でも何年でもイイんですね。」

「そうです。生涯顧客価値として使うことも可能です。例えば，呉服屋は七

五三・成人式・嫁入りといった期間で考える。家具屋だって，新居・子供の新居・孫の新居といった長期で考える。理美容の世界では今まで1か月に1度セットにみえていたのを2か月に3回利用していただければ売上高PQ…じゃないN（頻度。Number）が更に掛け算になって，PQNが上がるんです。」

「あ～それ，ワシ，やられてたワ！　先日床屋に行ったら，美人のスタッフが『次回来店日のご予約をどうぞ！』って，微妙に毎回早くなるんですね（笑）」
「でも社長，それで美しくなれてモテるという付加価値を得られているんですよね！　気持ちも気分もイイんだし一声かけるだけで売上高PQNのアップです。」

「今までのPQとどう使い分けをしたらイイのですか？」
「まったく自由ですから。使える方，使いやすい方で結構です。もっと分け

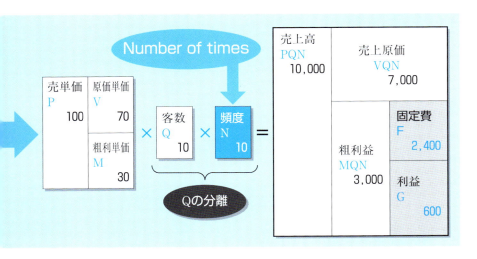

ることもありますが，まあ～入門はここまででしょう。」
「先生，ついつい自由ってこと忘れるんです。決算書病ですかねぇ（笑）。」
「社長に限らず多くの人が感染してます。またその意識すらないのです。もっと言えば，売上高ではなく"お買い上げ高"でなければならないでしょうね。」

「ググッ！　それで行くと，"売り場"でなく"買い場"ですね！」

24 購入頻度を増やすための適正な価格

「目標は付加価値MQのアップですから，P・V・Q・Nの組み合わせが最大MQあるいはMQNになるように，工夫するのです。特に売単価Pを。」
「なるほどね〜〜目標を見失うな！　ってことですね。」

「売単価Pアップは利益感度分析で効果的ではありますが，それのみを考えていてはいけないのです。しかし，それでもPアップは最大に重要なのです。」
「利益感度分析は如実に表していましたもんねぇ。」

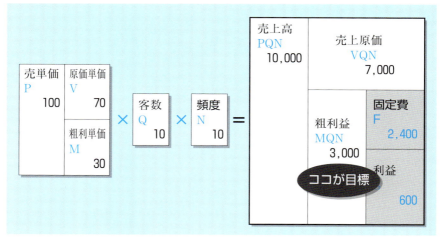

「たとえば，私はよくマッサージに行くのですが，事務所から徒歩5分以内で，ま〜ま〜上手で，なるべく安いというのが，私にとっての価値です。」
「ひえぇ〜！　凄い。だとしたらホテルでは余り利用しないんですね。」

「社長その通り。高くて下手かもしれないし…で余程疲れた時だけです。それはさて置き，現在利用の店は1時間3,210円。ホテルの6,000円余りに比べてお値打ちなのです。したがって疲れが溜まったら直ぐに行く，これで疲労回復ストレス発散で，頻度Nが毎週のようになっています。」
「お店の方からも，先生は常連客というわけですね。」
「社長も経済学で学んだ"需要曲線"をご存知でしょう？　あれです。」

第3章　付加価値MQのアップ

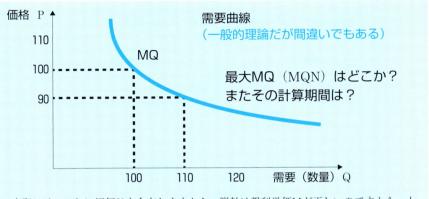

実際には，これに原価Vも介在しますから，縦軸は粗利単価Mが正しいのですから，上のグラフは原価Vを一定にした場合ということになります。

「社長，このポイントは最大MQ（MQN）になるように模索することです。以下の京セラの稲盛和夫氏の以下の言葉はズバリ言い当てています。」

値決めは経営
　事業において，その収益源である売上を最大限に延ばしていくためには，**値段の付け方が決め手**となる。製品の値決めなど営業担当の役員や部長に任せておけばいいと考える経営者もいるかもしれないが，私は「**値決めは経営である**」と思い，その重要性を訴えてきた。値決めはたんに売るため，注文を取るためにという**営業だけの問題ではなく，経営の使命を決する問題である**。売り手にも買い手にも満足与える値でなければならず，最終的には経営者が決断すべき，大変重要な仕事なのである。（中略：納品先からは）毎年値段を下げられた。そうなってくると**営業は，注文を取るために，いくらでも値段をさげていく**。（中略）私は「商売というのは，値段を安くすれば誰でも売れる。それでは経営はできない。お客さまが納得し，喜んで買ってくれる最大の値段。それよりも低かったらいくらでも注文は取れるが，それ以上高ければ注文が逃げるという，このギリギリの一点で注文を取るようにしなければならない」ということを社内の営業部門に対して繰り返し強調した。（中略）つまり，売上を最大にするには，単価と販売量の積を最大にすれば良い。利幅を多めにして少なく売って商売をするのか，利幅を抑えて大量に売って商売をするのか，値決めで経営は大きく変わってくるのである。」
（太文字と青色は筆者による）稲盛和夫著『稲盛和夫の実学』32頁日本経済新聞社刊

25 単純に売単価Pを ↗すれば 数量Qは ↘か？

「ところで社長。売単価Pをアップすると，数量Qや頻度Nはどうなるかは前頁のように明らかですよね。」

「当然，下がる。だから掛け合わせた粗利益MQ（MQN）が最大になる売り単価Pを決める"値決めが経営"なんですね。」

「しかし社長，"値決めは経営"は，もっと深い意味があります。」

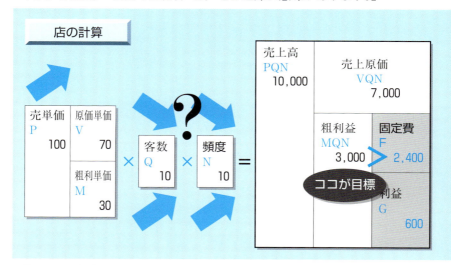

「まさか，売単価P上げても，数量QやNが下がらないじゃないでしょうね。」

「社長，そのまさかです。そういう場合だってあるので，単純に決め付けずに慎重に，総合的に決定するのが"値決めは経営"だということです。」

「先生，どんな場合ですか？　実例はあるんですか？」

「たくさんありますよ。そうした企業は利益感度分析で最高の手段を行っているわけですから，粗利益MQ（MQN）がアップしています。外ならぬ我が事務所もその実例の1つです。ただし，普段はそんなことは大っぴらには言いません。老舗の菓子店などに多いですね。」

「先生，それは分かります。同業者同士集まって『どないです？』と声掛けると『ぼちぼちでんな』が常套句ですもんね。」

「なあ，儲ける人はひっそりと着々と儲けるのですね。成功者は語らずです。下手を打つと嫉妬されますし，それでなくとも真似されるからです。」
「目立つようにはしませんものね。税務署も怖いしね。(笑)」

「他にも，これまで数量Ｑアップだけを考えてきたが，意図的にＱダウンした企業は多いですね。すると売り切れて一見は，28頁で学んだ機会損失を生んでいるようですが，結果的に在庫も無いので管理も楽になり，お客様には新鮮な物を毎日提供するということで行列ができて…ということで人手不足のなか

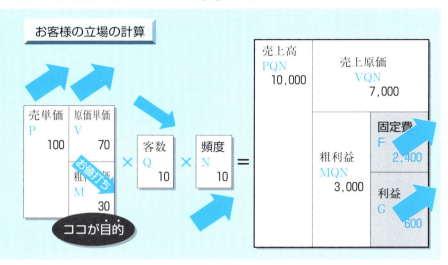

品質を落とさず，生産性向上と働き方改革を同時に達成します。」
「う〜ん。イイなぁ〜。あやかりたい。」
「社長，あやかればイイんです。お客様は"安かろう悪かろう"を決して求めていない。」
「そりゃ〜そうだ！　安物買いの銭失いを一番嫌います。」
「安いなら安い理由が明確で，確かに，それなら納得だとして，自分にとっての価値は下がらないと判断した上で買います。つまり自分にとっては"お値打ち"これがお客様の目的です。ここは83〜87頁と上図とを見比べてくださいね。85頁では同じ商品ならば安い方が良いと言っているので，違う商品，すなわちお客様にそれだけの価値があるなら，高くても納得して買っていただけます。その絶妙な売単価Ｐを見付けるのです！」

26 価格と価値の違い

「いや〜先生，入門と言いながら，確かに第1章も第2章も目から鱗が落ちましたが，今回はまたそれがひっくり返りました。衝撃です。」

「そうでしたか。社長がそう感じるということが重要なのです。つまり，私から見たら社長はお客様で，お客様が，そう感じたということは，話の価値が伝わったということです。この工夫が経営では欠かせません。」

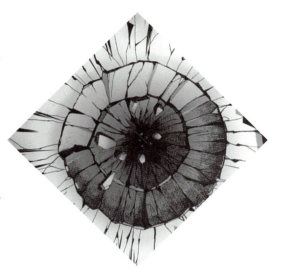

「他と同じだと思われた…感じられたら"価値"はありませんものね。」

「同じかどうか分からない時，お客様は，自分にとって比較できる物差し（つまり値段）で比較します。そうして漠然とした相場観をネットで調べたりして，安い高いを判断します。」
「ワシもやってますね。家電など性能の明確なものは比較しやすいけれど，そうで無いモノは，本当に漠然とした評判だけです。」

「この場合，クエッションである"価値"をちゃんと説明してあげると，違いが分かってきて，一般の相場感からの"価格"に比べて高くても納得できるわけです。DM・チラシやWebならコピーライティングの研究開発も必要です。営業マンなら話法や立ち居振る舞いに至るまで…」
「商品知識だけではないですものね。」

「そして，"価格"すなわち値決めには，先ほどの稲盛氏も『お客さまが納得し，喜んで買ってくれる最大の値段』と言っているだけで，また「需要曲線」などといっていますが，あくまで世の中の取引をすべて集計すると近似値の中央線を引けばこんなカーブになるだろうというだけの後付けでしかありません。通常の値決めには，概念としてあるだけで，値決めの際の参考にはまったくなりません。」

「上場株とか，セリの公設取引所があるわけではないですもんね。」

「つまり，保険診療や公共交通機関の運賃でない限りは"価格"にはまったく合理的な算式や決め方など無いのです。たとえ家電であっても，ウチではこの値段と決めることができ，何故その値段かということをちゃんと説明し納得していただけるのなら問題ありません。」

「と言うことは…先生。原価は関係ない？」
「そうです。まったく…。誤解ないように言えば，原価が70円だからそれに粗利30円を乗せて売値100円を決めるという意味では関係がないのです。」
「このコストだからいくらという，コストプラス方式という奴ですね。」

「実際は，高いからこそ買っていただけることは多くあります。それだけの信用・ブランドが備わって高くてもお値打ち感があるわけですね。」
「先生の講演料でもそうですよね。」
「ハハハ，確かにそうです。お客様の実例ははばかられるので，私の話をさせていただければ，昔の新米の頃は1日講演しても3万円。今は，信用もブランドも付いてきたので，1時間話しても30万円。実に10倍で

福岡での講演の様子

すね。しかもテキストとして書籍を使用することが原則ですので，それ以上になっています。ただし，1日話しても30万円ですから，お客様つまり講演主催者は1日講演を発注くださる。そして私は，132頁でお話したことで，講演は"遊び"ですから長く話せる…つまり遊べるわけですから楽しいのです。」

27 固定費Fアップに気をつけろ！

「さっきの社長の感想のように、何度もひっくり返ったとのことでは、何が何だか分からなくなると思いますので、ここでまとめておきますね。」
「お願いします。要するにどうしたらいいのか？　ですね。第2章の終わりでも聞いた覚えがあるんですが…（笑）。」

損益計算書
Ⅰ 売上高　　　　10,000
Ⅱ 売上原価　　　 7,000
Ⅲ 販売費管理費　 2,400
Ⅳ 営業外費用　　　　 0
　　経常利益　　　　 600

「上記タイトルには、これまでの話と矛盾したことを出しましたが、結果的には決算書のように、引き算で利益Gが求められます。82頁で話したように利益Gを出すためには常識的には下図Ⅰのように各要素を矢印のようにする中で固定費Fを下げた方が良いのですが、お客様から見れば85頁で話したように、同じモノなら右図のⅡのようにあって欲しいと願っています。それを『当社の商品はこうですよ』とお客様に説明し、理解していただいて"価値"を見出してもらい、右図の下Ⅲのように固定費Fを果敢に掛け、売単価Pのアップを図り

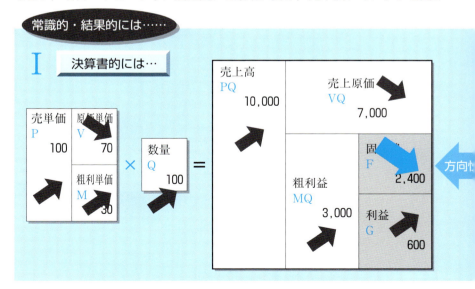

第3章 付加価値MQのアップ 169

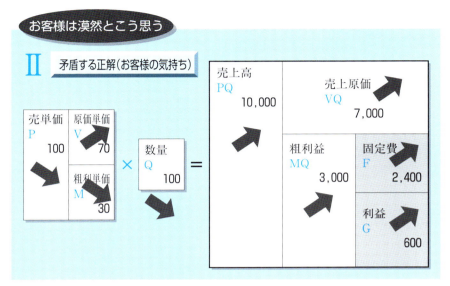

ます。しかし，固定費を掛けるのは会計年度を無視しつつも，長期的にMQ＞Fが成立するよう極力，固定費Fを抑えないと知らぬ間に固定費Fは肥大化します。要はバランスです。」

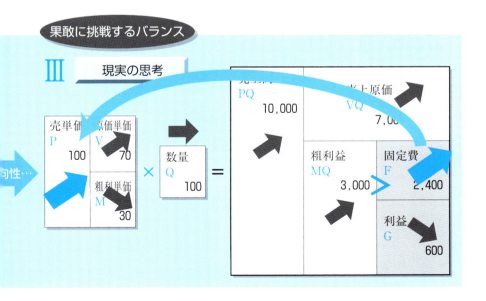

28　開発は税額控除で大幅な特典を受けられる

「ところで社長，税制改正で永年拡充されているのが，研究開発税制だということをご存知ですか？」

「そうなんですか？　これまでの税理士ではやったことが無いですが…。」

「それはもったいない。前頁までの様々な対策は試験研究費とか開発費といわれるもので，税額控除が受けられるんです。昔から！　例えば，社長がこの本を買うでしょ。すると当然，図書費か消耗品費で経費になって税金が安くなりますよね。そうして税額を計算した後に，更に，研究開発費として使った金額の約10％〜25％が税額でそのまま控除されるのです。」

「ということは二度美味しいということですね！」

「ところが，その研究開発税制の活用は実質的に大企業や特殊な研究をする企業ばかりです。それでも底辺には零細企業にも使える10％の税額控除がゴロゴロ。昔から…それがさらに倍増されて25％の税額控除も！　しかし中小企業では使われていない。」

「それはまた，何故なんですか？」

「例えば，ラーメン屋さんの大将は四六時中新製品や新サービスの開発に頭を巡らせています。流行っている店の情報を知れば，新幹線で試食に行き，店奥に積まれた麺箱から業者を探し，その味からスープ原材料を類推し，具を試し買いし，自店に戻り何回も試作する。」

「分かりますよ。私も飲食店で勤めていたときは，やりました！」

第3章　付加価値MQのアップ　　171

「当時，私は資本金5,000万円の中部地区にある高収益の食品メーカーが株式を上場したいということで，32歳で筆者が財務部長として招聘されました。法人税法の受験参考書も書いていましたので，法人税の申告書も作成しました。

当時も試験研究費の税額控除制度はありましたから適用しました。私の着任前は，国税局査察出身のOB税理士が申告書作成するも適用されていませんでした。」

「そりゃまた，可笑しいですよね。」

「ところが，企業の外部者である税理士は，どの経費が試験研究費に該当するかは解らないからです。その食品メーカーには，試験研究室があり，専任の研究員が1人配属され，少なくとも彼の人件費は試験研究費でした。でも，それは工場の片隅にあり，その企業の内部を隈なく視察をしたりして把握に努めなければなりません。」

「なるほどね。確かにそうですよね。とすると，どうすればイイのです？」

「交通費勘定と仕入勘定に，上記の費用は紛れ込んでいて，税理士にはそれが試験研究に使われたものだとは，まさに汁（つゆ）知らずです（笑）。

私が勤務した中堅企業では，試験研究用の原材料費（この把握が仕入に紛れ込むため特に難しい）＋試験研究室用の消耗品費＋出張経費を研究員にノートを持たせ，その都度記入させました。

それを経理係に，研究用の人件費・器具備品の減価償却費，水道光熱費を積算させました。

多額の研究費を使う経営者には，手帳にその都度記入をしてもらうのです。」

第4章　儲かっても"資金"で潰れる

※注意：会計に詳しい方へ……簡単な仕訳が登場しますが，馬鹿にせずに読み進んで下さい。

バランスシートの本当の理解

素人は戦略を語りたがる，しかし玄人は兵站（ロジスティクス）を語る。

1 損益の計画だけでは実は動かない経営計画

「社長に今朝いただいた県に提出の『特例承継計画』は"絵に描いた餅"と言いました。何故なら，数値がまったく入っていないからでしたよね。」

「ええ，あれには驚きましたぁ～。そしてその根本原因もいくつもあることを知り，先生に数字の入った経営計画のお話しを聞くことができました。」

5年間の経営計画

1年目，本店のサービスを強化し，その看板設置，広告活動を行う。
2年目，新サービスとしての「預かり業務」のため倉庫を手配する。
3年目，駅前店も同サービス導入を検討する。
4年目，駅前店の改装後，同サービス開始
5年目，新規事業（コインランドリー）で売上向上を目指す。

「それに基づいて，とりあえず，どうやって利益を出して行くかを帰られてからしっかり数字で検討してみてください。」

「はい，ありがとうございます。併せて，"遊"や"楽"も考えてみます。」

「何年も時間がかかるかもしれませんので，まずは私欲の方だけでも！」

「切羽詰まった欲求ですね。まずは正直なところお金が欲しいですものね！」

「ハハハ，正直がなによりです。さて，ここからは，少し難しくなりますが欠かせないことですので心して学んでください。」

「ドキッとしますね。難しいんですか？」

「基本的なのですが，残念ながら日本のビジネスマン全体について，"会計の基礎知識"が足らな過ぎて難しく思われているんです。」

「それは？」

「右頁のもう1つの決算書である貸借対照表（B/S）の分野です。そこには現金があります。社長も『お金が欲しい』と言われたばかりでしたよね。」

「そりゃ～先生，お金がなければ倒産ですから，儲ける以前の話ですよ。」

「社長！　そこまでお分かりなら話は早い！　損益だけでは動かないんです。」

第4章 儲かっても"資金"で潰れる 175

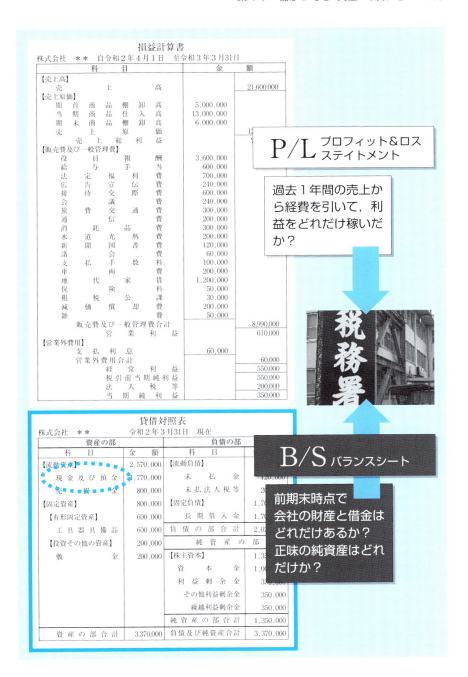

2 貸借対照表も決算書だから役立たない？

「先生は，第1章で『決算書は役立たない！』と話されましたよね。だからその決算書の一種である貸借対照表も役立たないのではないですか？」

「はい社長。その通りです。役立ちません。」

「アララ，あっさりですね。『でもそれはどうして？』って聞くと第1章と同じ答えが返ってきそうですね。」

「それもさすが社長，その通りです。ということは，決算書は企業の外部利害関係者への法的な報告義務から，ある意味仕方がなく作っているのです。」

「外部利害関係者の目的は，損益計算書なら，どれだけ儲けているか？　でしょうが貸借対照表では何ですか？」

「簡単に言えば，今は儲けていても，借金まみれの危ない企業か？　もし潰れた時に，この企業からどれだけ回収できるか？　…と言ったところですね。」

貸借対照表					
株式会社　＊＊		令和2年3月31日　現在			
資産の部			負債の部		
科　目	金　額		科　目		金　額
【流動資産】	2,570,000		【流動負債】		320,000
現金及び預金	1,770,000		未　払　金		120,000
売　掛　金	800,000		未払法人税等		200,000
【固定資産】	800,000		【固定負債】		1,700,000
【有形固定資産】	600,000		長期借入金		1,700,000
工具器具備品	600,000		負債の部合計		2,020,000
【投資その他の資産】	200,000		純資産の部		
敷　金	200,000		【株主資本】		1,350,000
			資　本　金		1,000,000
			利益剰余金		350,000
			その他利益剰余金		350,000
			繰越利益剰余金		350,000
			純資産の部合計		1,350,000
資産の部合計	3,370,000		負債及び純資産合計		3,370,000

「なるほどね。でも決算書だから過去のモノなんですよね。下手すると1年前の…」

「だから社長，もしこれが御社のデータであって，今現在なら，それなりの価値はあるでしょうが，明日，社長が大きな支払いをしたらもう，古新聞となってしまいます。」

「そうかぁ～。その支払いが仮に1,000万円だとすると，この貸借対照表では177万円しか持っていないので，多分借金したんでしょうね。」

「社長が，毎月の試算表で，月次の貸借対照表を見ていたとしても，これから，こういう意思決定をしたらどうなるか？　は，した後でないと見えない。」

「その結果，『あ～しまった！』と思っても，も～遅い！」

「そう！ その通り！ いつものこのイラストでいうならば，バックミラーに写っているように，何かをはねた，その時にタイヤがパンクしてたかも。」

「先生，そりゃ〜イイ。だから，その後の運転にも支障があるわけですね。ハンドルが重くなったりして…。ガソリンが漏れているかもしれない。」

「社長にとって必要なのは，今からこの意思決定，たとえば契約をしたら，どういう車の状況になってしまうのか?! これを知りたいのです。」
「今朝出したワシの経営計画にある5年後のコインランドリー事業はどうやってお金準備するの」って話ですよね。2年目の倉庫を借りるにしても敷金や保証金がド〜ンといるでしょう。どうするの？ 3年目に駅前店もですよね。4年目の改装費も…何も分からないですよね！ 下半身裸みたいで恥ずかしい！」

5年間の経営計画

1年目，本店のサービスを強化し，その看板設置，広告活動を行う。
2年目，新サービスとしての「預かり業務」のため倉庫を手配する。
3年目，駅前店も同サービス導入を検討する。
4年目，駅前店の改装後，同サービス開始
5年目，新規事業（コインランドリー）で売上向上を目指す。

「たとえば売上PQを増やした。しかし，代金は来月という時，仕入れをしているので，その支払いができなければ，即倒産です。給料も払えません。」
「先の経営計画では夢を語れたが，現実にお金があっての話。通常はいくらかはあるでしょうが，足らなくなったら，まさしく経営計画は夢物語！」
「この理解はちょっと難しい。そこで，これまでとガラリと趣を変えて，仮の会社での疑似体験をするのが手っ取り早いので，早速やってみましょう！」

3 会社を0から作ってみる

「まず社長に架空の会社を作ってもらいます。産業用検査機器つまりテスターを仕入れて販売する会社です。元手は100万円です。」

「ワオ！ いきなりですか！ まさしく0からのスタートですね。」

「会社ですが設立費用なんかは無視ね。社員も1人採用しました。現金出納帳に100万円を入金します。こんな風に…」

No.	日付	摘要	入金	出金	残高
	1月1日				0
❶	1月5日	資本金100万円で設立	100		100

「さあ社長！ この時点での，つまり，今現在の会社の貸借対照表と損益計算書，すなわち決算書はどうなっていますか？」

「うぅ！ そう言われても…現金があるだけの企業ですよね。」

「ブブ〜〜っ！ 違います。下がその時点の貸借対照表で，右頁がその時点の損益計算書です。ここから何が分かりますか？」

「う〜ん。現金が100万円ある企業ですね。それから資本金が100万円あるんだ！ 合計200万円もあるの？」

「ブブ〜〜っ！ 残念！ お金は100万円しか出していないので，100万円だけが実在の財産ですよね。つまり資本金は現金100万円を資本金として出したという"理由"です。資本金ですから，返さなくてもイイです。」

「へぇ〜。現金100万円出した理由ですかぁ〜。」

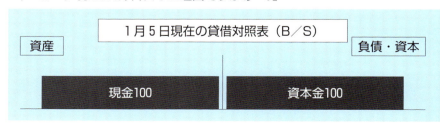

第4章　儲かっても"資金"で潰れる　179

「ですから，会社としては100万円が"資産"としてあり，それは返済の必要のない"資本"なのです。」

資本金として……
収めてください

「先生，これが噂の複式簿記ですか？」

「そうです。1つの取引…まあ〜事実ですね，これを2つの方向から見て，処理する方法ですね。」

「2つの方向は，この場合，現金という実在のモノとその理由ってことね。」

「そうです。しかし"簿記"自体は社長が細かくは勉強しなくても結構ですよ。そもそも，"簿記"という言葉は"帳簿記入"の4文字の内の中2文字を取ったもので，要するに帳簿を付ける技術，つまり経理屋さんの技術なのです。」

「それを聞いて安心しましたぁ〜。記帳の理屈だけ覚えればイインですね。」
「しかも，原理は2つだけ！　これを覚えれば経営者としてはOKです！その1つ目が定位置です。貸借対照表の左に"資産"を置き，右側に"負債・資本"を置くことです。この置いた姿を，そのま〜んま文字にすると

現金100　/　資本金100

…これが仕訳（しわけ）です。」

「先生，意外と簡単！　で，もう一方の損益計算書の方は，まだ空っぽ？」
「そう。損益計算書の左に"費用"，右に"収益"を置きます。これで負債を含めた5つの定位置です。第3章までやっていたのは，この損益計算書の方だけだったんですね。まだ，費用も収益も発生していませんから，空っぽです。」

費用	1月1日〜5日現在の損益計算書（P／L）	収益

4　商品を現金で仕入れました

「社長，次に商品60万円を現金仕入れしました。すると以下の通りですが，

No.	日付	摘要	入金	出金	残高
	1月1日				0
❶	1月5日	資本金100万円で設立	100		100
❷	1月6日	現金仕入60万円		60	40

この瞬間！　B／SとP／Lはどう変化するでしょうか？」
　「瞬間，瞬間なんですね！　これは決算書とはまったく違いリアルですね。」
　「ここで2つ目の原則です。これで終わりです。減ったら反対側に書く！上の現金出納帳も減ったら反対側の出金に書いてるでしょ。それと同じです。」

　「エライ簡単ですね。もう原則は終わりですか。喰わず嫌いだったなぁ～。」
　「下図のB／Sでは現金100の内，60を反対側に出して消え，残りは40に。」
　「で，商品を仕入れたので…商品って"資産"ですよね？」

　「ちょっと待った社長。商品は確かに"資産"ですが，直ぐに売る物なので，いちいち"資産"にしないんです。例えばペンを買うと，それは確かに"資産"ですが，消耗品とはせずに，もう使ってしまったことにしていきなり"費用"の消耗品費にしちゃうのと同じです。もちろん，決算の時に調整しますが…。」

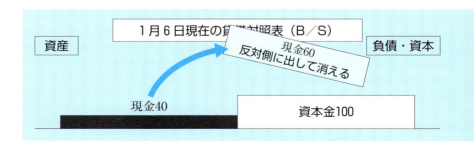

第4章　儲かっても"資金"で潰れる　181

「なるほど，コンビニで入荷した弁当をいちいち倉庫に入れずに売り場の棚に並べるみたいなものですね。」

「だから，仕入れた商品は，直ぐに売れるので，"費用"つまりＰ／Ｌに載せてしまうんです。すると下図になりますね。これが，さっきの❷の取引をした瞬間，直後の決算書の姿です。」

「ほぉ〜〜！　瞬間瞬間の決算書がイメージできますね！　つまり自分が意思決定をしたらこういう決算書になるが…これでイイのか？　がイメージできる！」

仕入60 ／ 現金60

「まさにそうです！　さて，この取引事実を仕訳すると…こうなります。」

「なるほど，仕入れが左，現金が減ったから反対側の右ですね。どうしてこう上手い具合に行くの？　不思議だね。」

「社長。かのゲーテが，『簿記は人類が発明した偉大なものの１つである。』と『ファウスト』の中で台詞として書いたのもうなづけますでしょ。」
「理屈はよくは分からんが，大したものだぁ！」

「ところで社長。資本金を見てください。減ってますか？」
「おっ?!　そのま〜んま100だ。」
「お分かりですよね。社長個人がこの会社の元手として幾ら出したか？　って問われたら…100万円という事実は変わりありませんから。」
「確かにそうだ！　具体的なモノが，現金から仕入れた商品に交換されただけだもんね。」

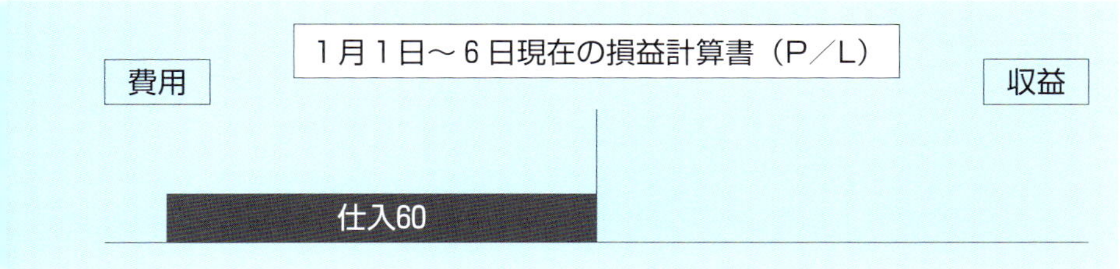

1月1日〜6日現在の損益計算書（P／L）

費用　　　　収益

仕入60

5　商品を現金で販売しました

「社長，商品を仕入れたら，次に何をするかは自明の理ですよね！」
「当然，売る！　60万で仕入れたのを100万円で販売したら…現金出納帳はこうなる…。」

No.	日付	摘要	入金	出金	残高
❶	1月5日	資本金100万円で設立	100		100
❷	1月6日	現金仕入60万円		60	40
❸	1月7日	現金販売100万円	100		140

「では社長。この瞬間のB／S，P／Lはどうなっていますか？」
「そら来た！　この瞬間ですね。え〜〜と，現金は100増えた。そしてその理由は売上として，売上も増えた…ということですね！」

「素晴らしい！　正解です。ですからこれを仕訳で現わすと…売上は5つの要素では"収益"になりますので，増えると右側ですから，こうなります。」

現金100　／　売上100

「ところで先生，左側・右側ってのは，確か借方（かりかた）　とか貸方（かしかた）って言うんじゃなかったですか？」
「そうです。その言い方も経営者なら覚えた方がイイでしょうね。」

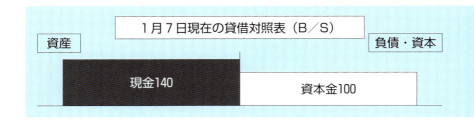

「何故，こんな言い方をするんでしょうかねぇ〜。」
「大事なのは漢字の意味は無い！　ということです。借りも貸しもしていませんが，話せば長い簿記の歴史とでも言っておきましょうか，今では定着してしまいましたので，借方＝左側，貸方＝右側という意味しかありません。」

「それなら，いっそ変えてしまえばイイのにね。先生。」
「そうですね。しかし…習慣はなかなか変えられません。大先輩方から何世代もいるので…例えば演劇の世界で，『主人公が上手（かみて）から登場』というでしょ。『監督！　右って言って下さい！』な〜んて言ったら大変！」

「そうですね。船乗りで『面舵一杯〜〜っ！』の訂正を船長に進言したら…（笑）まあ〜後輩が覚えれば済むってことですね。何かイイ方法あります？」

「その内，自然に覚えますからイインですが，あえて言えば，カナにすると一文字しか違いがない…かりかた・かしかた…を捉えて"利子"と覚えたら？」
「なるほどね！　頂きます！」

「ま〜初心者はこんな事にも悩むもので…勘定科目もたくさん出てくるので，私も初心者の頃に質問したことがあります。『一体，幾つ覚えればイインでしょうかぁ〜』てね。」
「どう答えられたんですか？　その講師は…」
「『100位かな？』って講師が言ったんですが，今の私なら『そんなもん，やっている内に自然に身に付くから心配しなくてよろしい！』と答えてやりますね。要するに気にするなってことです。」
「そりゃ〜イイ！　気が楽だ！」

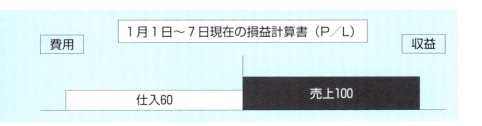

6 給料を支払い1月を締切りました

「月末になり，社員に給料30万を現金で払いました。すると現金出納帳は？」

No.	日付	摘要	入金	出金	残高
❶	1月5日	資本金100万円で設立	100		100
❷	1月6日	現金仕入60万円		60	40
❸	1月7日	現金販売100万円	100		140
❹	1月31日	給料30万円支払い		30	110

「で，先生。『この瞬間のB／S，P／Lは？』って聞くんでしょ？」
「よく分かってますね社長。仕訳もお願いしますね。」

「まず現金が30減ったから，右側…貸方に出て消える。給料は"費用"のグループだから左側…借方ですから，仕訳すると…こうだ！

給料30 ／ 現金100

その結果，B／Sは現金が110と資本金が100…ということは10増えたんだ。一方のP／Lは売上100で仕入60に給料30で費用の合計は90，差額10は利益！」
「ピンポ〜ン！ 素晴らしい！ これで1月の取引は終わりました。」
「先生，これ第3章までで見てきた，トトロの図，失礼STRACでしたっけで見るとどうなるんですか？」

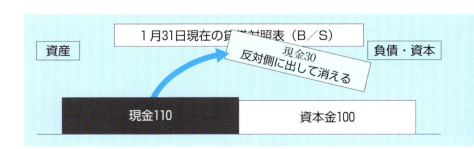

「イイ質問ですね。このようになります。**違いは何だか分かりますよね。**」

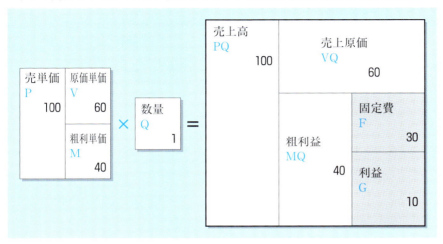

「ハイ先生，一番の違いは，Ｂ／Ｓがまったく無いことですね！　その代わり"１個当たりの情報と数量Ｑがある！"」

「正解！　経営者はこの両方を頭にイメージできていないといけないのです。しかも，上図は商品別や店舗別など，その会社に適した分類で何種類も必要になるでしょうね。ですから通常は上図の形ではなくエクセルの表でしょうね。」

「しかも，経営者が把握したい，現在や未来の瞬間，瞬間ですよね。」

「では社長，以降，基本はこのパターンでずっと行きます。何せ商売は仕入れて，売って，給料支払う…ですからね。」

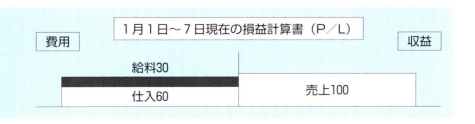

7 同じような取引をするのに資金が変わる！

「ところで社長。1月の取引はすべて現金取引でした。」
「ま〜ウチの店なら，外注工場への支払いは別として，お客様とのやり取りはほとんど現金ですからほぼ同じですね。」

「外注工場への支払いは，ツケ取引，つまり掛け取引なんですね。実務ではこれが多く発生します。しかも金額が大きくなります。またSTRAC（トトロの図）には，それが表現されませんので要注意です。

「そうかぁ〜。同じように売っても，掛け売りだとお金が入って来ないものね！　ウチのクリーニング店では，法人のお客様への納品は確かにそうだ。」

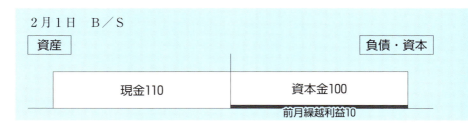

「要は，利益と資金はズレるんですね！　しかし社長，売上が大きい程！」

「Ｐ／Ｌは１年間累計で見る方法と，月々で見る方法がありますが，通常は月々で見るので，先月の１月は下のＰ／Ｌのようにクリアして，ゼロからスタートです。そうすると前月までの利益と今月の利益を区別しなければならないので，Ｂ／Ｓの"資本"に前月繰越利益10万円を載せて２月を迎えます。」

「なるほど，法律の上では年間で合計して申告するけれど，普通の会社は月別に損益を見てるからね。」

「ですから，別に年間の累計の管理をしておく必要があります。
「これは２頁前のＰ/Ｌと同じですね。」

参考：累計のP/L（１月まで）

給与 30	売上 100
売上原価 60	

「そうです。以降，累計のグラフは毎月積み増ししていくことになります。」

２月１日　Ｐ／Ｌ

費用　　　　　　　　　　　収益

8　2月も同様な取引が始まります…

「さて2月。先月仕入れた商品は売ってしまったので在庫がありません。したがって，今月もまた60万円で現金仕入れしました。さあ！　社長どうなります？」

No.	日付	摘要	入金	出金	残高
	1月6日	現金仕入60万円		60	40
	1月7日	現金販売100万円	100		140
	1月31日	給料30万円支払い		30	110
❶	2月1日	現金仕入60万円		60	50

「簡単ですね。現金が減って，仕入れが増える。それぞれ60ですね。だから仕訳は1月と同じでこうなります。」

仕入60　/　現金60

「も〜簡単ですね。御茶の子さいさい！　繰り返せば誰でも覚えられますよ。ポイントは下のB／S，P／Lの資産・負債・資本・費用・収益がどちら側というだけで，これもやっていると自然に覚えられます。」

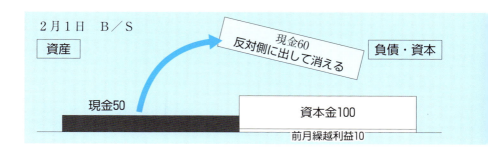

第4章 儲かっても"資金"で潰れる　189

「ところで社長，ちょっと余興に面白いモノをお見せしましょう。

　前頁までの1月を，パタパタ・パラパラして見比べてください。するとどこが変化したか，よく分かりますよ。」

「あ～らホントだ！　こりゃ～アニメーション会計だ！」

(「アニメーション会計」は平成21年に登録商標。)
　「B/Sを決算書のように静的に見ずに，動態的に活用するポイントです。つまり，日々の取引のつど，社長の頭の中でこの動きが認識されるようになることが重要なのです。決算書では遅いのです。取引の前にイメージできることが大切なのです。」

2月1日　P／L

費用　　　　　　　　　　　　　　　　　　　　　　　収益

仕入60

9 掛け売りをしました！ 波乱の幕開け！

「1月は現金販売でしたが，2月は掛け売りしましたので現金入金はありません。さあ！ 社長どうなります？」

No.	日付	摘要	入金	出金	残高
	1月6日	現金仕入60万円		60	40
	1月7日	現金販売100万円	100		140
	1月31日	給料30万円支払い		30	110
❶	2月1日	現金仕入60万円		60	50
❷	2月2日	掛け売り100万円	0		50

「う〜ん。まず貸方（右側）の売上100は1月と同じですよね。問題は借方（左側）ですよね。現金販売なら現金となるところ，現金が入ってこない。来月集金する権利ができるから売掛金！」

売掛金100 ／ 売上100

「その通り！ するとB／S, P／Lは下のようになりますね。」
「ここで社長なら，月末の給料のことを考えますよね。」

「分かります先生。毎月これが心配なんです。経営者になって一番痛感したのが，この給与です。

サラリーマンの時は嬉しかった給料日。経営者になったらまったく逆ですものね。

まして賞与なんかは資金繰り大変でした。給料は貰うものでなく，払うものだぁ！　と痛感しました。」

「はい，その給与30万円は，払えるか？　現金残高は50万円だから一応大丈夫のようです。」

「先生，この経営者の気持ちを実感して欲しいですよねぇ～。ホント！
ろくすっぽ働きもせず給料泥棒！　と言いたくなる時が正直ありますネ（笑）。」

「社長，興奮はとりあえず収めていただいて…この状態で下のＰ／Ｌを見ると粗利益MQは100－60＝40ありますよね。つまり儲かっているんです。ところが，現実にはその売上100は現金としては貰っていないので，この粗利益MQ（40）は使えないような粗利益ですよねぇ～。」

「ホントだ！　これが利益と資金とがズレてくる根本ですね！」

売掛金の発生は，利益と資金がズレる根本！

10 給料を支払い2月を締切りました

「2月末に給料30万円を支払いまいした。これも簡単ですね。」

No.	日付	摘要	入金	出金	残高
	1月6日	現金仕入60万円		60	40
	1月7日	現金販売100万円	100		140
	1月31日	給料30万円支払い		30	110
❶	2月1日	現金仕入60万円		60	50
❷	2月2日	掛け売り100万円	0		50
❸	2月28日	給料30万円支払い		30	20

「ふう！ 先生，現金残高20になってしまいましたよ。開業以来最低ですね。とにもかくにも，仕訳は1月と同じですから，こうです。」

給料30 ／ 現金30

「すると，B／S，P／Lは以下のようになりますね。両方とも差額は10の利益が出ています。」

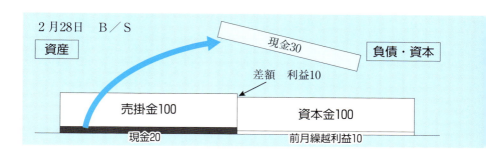

第4章　儲かっても"資金"で潰れる　193

「しかし先生，前項のように，P／Lの売上100はまだ売掛金となって，お金になっていないので，利益10は幻のようなものですね。」

「そうなんです！　1月と2月は同じP／Lで利益は10ですが，どうですか？経営者の気持ちは？」

「経営者として言わせてもらえば，1月は，左の現金出納帳を見てもわかるように1月末の資金が110もあったのに，2月末は20しかありません。だからとても儲かっている気分がしません！」

「そうです，その気持ち・気分が大切なんです。何故かと言えば，答えは明解ですよね。前頁の現金出納帳を下に持って来て比較して見ます…すると1月

No.	日付	摘要	入金	出金	残高
	1月6日	現金仕入60万円		60	40
	1月7日	現金販売100万円	100		140
	1月31日	給料30万円支払い		30	110
❶	2月1日	現金仕入60万円		60	50
❷	2月2日	掛け売り100万円	0		50
❸	2月28日	給料30万円支払い		30	20

と2月は同じような取引をしていても，それはP／L上の話だけなんです。1月は現金で集金・回収しているのに2月はしていないで売掛金になっているのです。」

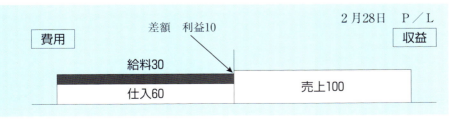

11　3月になり売掛金を集金しました

「2月の売上で売掛金になっている分を集金してきました。社長，どうなりますか？」

No.	日付	摘要	入金	出金	残高
	1月6日	現金仕入60万円		60	40
	1月7日	現金販売100万円	100		140
	1月31日	給料30万円支払い		30	110
	2月1日	現金仕入60万円		60	50
	2月2日	掛け売り100万円	0		50
	2月28日	給料30万円支払い		30	20
❶	3月1日	売掛金100万円集金	100		120

やっとお金になったぁ〜

「正直，この気持ちですね。『やっとお金になったぁ〜』先月は給与支払いでギリギリやった。」

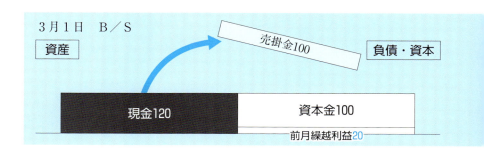

第4章　儲かっても"資金"で潰れる　195

　「社長，そして重要なのは，集金してきたお金が増えてもＰ／Ｌには影響が
ないということですね。」

　「そうか！　売掛金100を現金100に交換しただけで，この売掛金100は先月の
売上ですもんね！」

　「社長ここは，重要なことなのでまとめておきますね。売掛金が増えた先月
は，資金が苦しくなった。よく実務上『お金が（売掛金として）寝ている』な
〜んて言い方します。寝ているから使えないわけですね。起こさないと。」

　「上手いこと，言いますね。先人達の苦労が感じられる言葉ですね先生。」

　「そして，集金してくる…すなわち，売掛金が現金に変わる。売掛金が減少
する…起きたわけですね。そうすると資金が増える！　これをまとめると…

> 売掛金の増加は，資金の減少 ↘
> 売掛金の減少は，資金の増加 ↗

…となります。Ｂ／Ｓを比較してキャッシュフロー（資金の動き）の増減を見
る時に，何故資金が増えたのか，何故資金が減ったのかの分析で，このような
言葉を使うことがあります。
　実務では，これに買掛金の増減（217頁参照），在庫の増減（198頁参照），と
いう"運転資金の管理"と呼ばれる三つ巴の複雑さとなっていくのです。」

　　　　　　　　　　　　　　　　　　　　　　　3月1日　Ｐ／Ｌ

| 費用 | | | 収益 |

12　3月の残りは1月と同じ取引をして締めた

「そこで，2月の反省から，掛け売りを止めることにしました。すなわち，1月と同じく現金売上にしたのです。すると3月は1月とまったく同じく，❷商品を60万仕入，❸それを100万で売って，❹給料30万を支払う…をすべて現金取引で行いました。

No.	日付	摘要	入金	出金	残高
	1月5日	現金100万円で設立	100		100
	1月6日	現金仕入60万円		60	40
	1月7日	現金販売100万円	100		140
	1月31日	給料30万円支払い		30	110
	2月1日	現金仕入60万円		60	50
	2月2日	掛け売り100万円	0		50
	2月28日	給料30万円支払い		30	20
❶	3月1日	売掛金100万円集金	100		120
❷	3月2日	現金仕入60万円		60	60
❸	3月3日	現金販売100万円	100		160
❹	3月31日	給料30万円支払い		30	130

すると，現金は❸で100増❷❹で90減り，差引き10増加で上記の130です。仕訳は1月と同じなので省略し，B／S，P／Lは以下になります。」

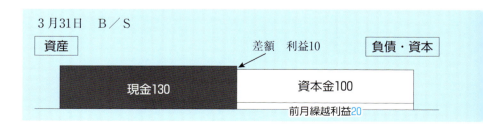

「それにしても先生，取引形態によってこんなに変わるんですねぇ〜。」
「3か月の利益は同じなので，資金だけを比較して見ますと…出金は同じ90

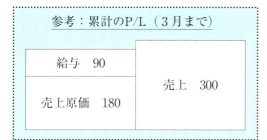

であるのに対して，入金は大きく変化しています。1月は資本金100は収益ではない入金，3月では売掛金の回収という，やはり収益ではない入金があったため資金繰りが楽になっていますね。」

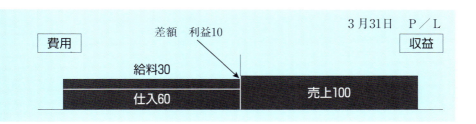

13 在庫の発生で極端に複雑になる会計

「世の中では，先ほどの売掛金と同様，当たり前というものが"在庫"です。」
「そりゃ〜そうだ。コンビニに行って在庫が無いなんてことはないもんね。」
「ところが，今朝から今までの話の中では在庫は登場しませんでした。掛けそばもざるそばもカレーパンも在庫なしです。残ったら廃棄処分でした。」

「先生，そんなに一般的なのに何故，無かったの？」
「それは複雑になって入門者を混乱させるからです（31頁参照）。でも，ここまで学んできたので，少しだけ学んでいただきます。それでも少しだけなんです。在庫で，第3章までの損益も，今この第4章の資金もダブルで複雑になるんです。それゆえ，経営者の頭が混乱してくるのです。」
「じゃ〜これも，つべこべ言わずに，体験して分かる学習なんですね。」

No.	日付	摘要	入金	出金	残高
	3月31日	給料30万円支払い		30	130
❶	4月1日	現金120万円で2個仕入		120	10
❷	4月2日	現金販売1個100万円	100		110
❸	4月30日	給料30万円支払い		30	80

「そう！　じゃ〜4月は1個60万円の商品を2個仕入れました。理由はハワイ旅行キャンペーンがあったとでもしておきましょう。しかし売るのはいつものように1個売って給料を払いましたので上記の出納帳のようになりました。するとB／Sの現金残は80で，P／Lは以下のようになりますね。」

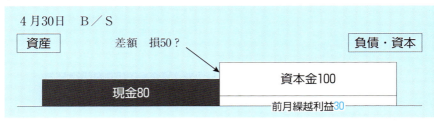

「あれ？　先生！　Ｂ／Ｓの方は，毎月の利益10が３か月分溜まって繰越利益が30と資本金100で右側の合計130に対して，左側は現金80しかないから，損失50になってしまいましたね。これまでと同じ１個売っているのに…」

「社長，Ｐ／Ｌもいつもと違って可笑しいですよね。」
「３月までは売れる分だけ１個の仕入れだったのに２個の120だから，こちらも費用の方が50多くて赤字になってしまっている！」

「だけど，本当に赤字なんですか？　１〜３月と同じで１個売って，給料も同じですよ。仕入れて残っている商品は廃棄処分するようなカレーパンとは違い，お客様が来ればいつでも売れるために在庫として残してあるんですよ。お客様がみえて在庫が無いと機会損失になってしまうでしょ！」

「な〜るほど！　言われてみればそうだ。３月までと同じ１個100の売上なんだし，固定費も変わってないんだから，同じ利益10にならなきゃ〜可笑しい！」

「社長，"売上原価（ＶＱ）"とは何か？　です。」
「そりゃ〜先生，売上に対する原価だよね。」
「すると売上100に対する原価は120か？」

「いや違う！　売上は１個だがら，その１個の売上に対する仕入は60であるべきだ。120は２個分だから多過ぎる。１個分60は売上原価じゃないんだ！」
「その通り！　これを正式には，"費用収益対応の原則"という大原則です。」

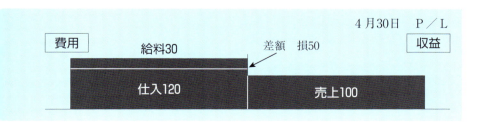

14　在庫は売れ残りだから来月の資産にする

「"在庫"で残っているということは，即ち，売れなかったということです。」
「先生，そりゃ～そうだ。これほど明確なことはないですよね。」

「在庫として残っているかどうかは棚を見れば分かるので，棚から卸して確認する作業が"棚卸"ってわけです。」

仕入2個　売上1個

「2個仕入れたが1個残っているので，下表の取引明細❹がそうですね。」

No.	日付	摘要	入金	出金	残高
	3月31日	給料30万円支払い		30	130
❶	4月1日	現金120万円で2個仕入		120	10
❷	4月2日	現金販売1個100万円	100		110
❸	4月30日	給料30万円支払い		30	80
❹	4月30日	棚卸すると商品1個だった	─	─	80

「そう！　棚から卸して確認しただけでお金は動かない，現金残高も変わらず80です。仕訳は…社長分かります？」

「まず仕入を減らす…仕入れ時は左側だから，減らすのは反対の右側，そして左側は…資産として残っていたので…商品？」

商品60 ／ 仕入60

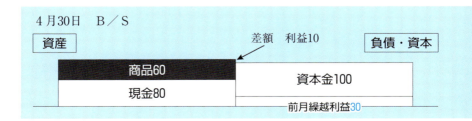

「正解です！ 180頁で"売れたことにして"費用にしていたのを，ここで調整するわけです。」

「よ〜く分かりました。納得です。何故，棚卸をするのかって分からなかったのですが，それも売上原価を決めるためということも分かりました。」

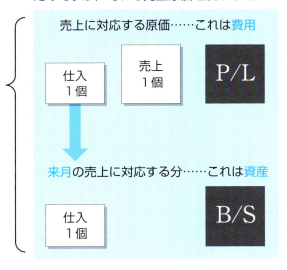

「売上原価が分からなければ利益も分かりませんからね。」

「でも棚卸って大変ですよね。」

「社長，正直，大変な作業です。デパートは棚卸で休業するくらいです。」

「毎月休業するんですか？」

「そんなこともできないので，実際には，法的な決算書を作る会計年度の末の1回だけがほとんどで，毎月はしていないのが多いですね。」

「先生，そうすると，毎月の利益が分からないんじゃないですか？」

「そうなんです。例では2個仕入れて1個残ると半分残るという風に影響が大きくなりますが，実務では大量ですから却って誤差が少ないこともあって，毎月の利益は売上（PQ）—仕入（VQ）＝粗利益（MQ）で把握するんです。」

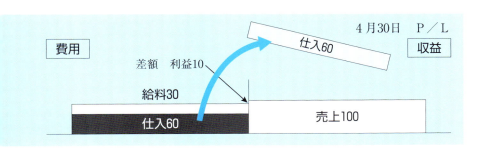

15 在庫があれば仕入れずに売る…また妙なことに(1)

「社長，翌月の5月は既に在庫があるので，仕入れなくても売ることができますよね。」

「すると5月は下の取引明細のように，売るのと給料支払いだけですね。」

No.	日付	摘要	入金	出金	残高
	4月30日	給料30万円支払い		30	80
	4月30日	棚卸すると商品1個だった	─	─	80
❶	5月2日	現金販売100万円	100		180
❷	5月31日	給料30万円支払い		30	150

「そうですね。現金残高は，150になりますので，B／Sは下のように，4月まで毎月の利益10が溜まった40と資本金100の合計で右側（貸方）は140。それに対して，左側（借方）は現金150と商品60の合計で210。差額の利益が70となってしまいます。当然可笑しいですよね。」

「それは先生，売ってしまったので，無いはずの商品が60残っているからですよね。」

「その通りです。一方，右頁のP／Lを見ると，これまた可笑しなことになっていますよね。」

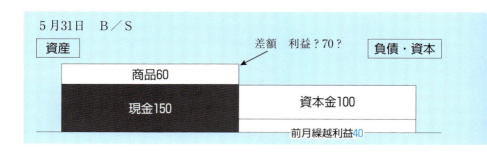

「は〜あん，これまた酷いですね。今月5月は在庫があったので，仕入れていないもんだから…売上と給料の差額が利益になっちゃっている！」

「だから，また5月末に棚卸をして，在庫を確認して，この場合は商品を0にして修正してやるんです。次の頁でやりますが…」

「すると先生，この設例では毎月の利益をしっかり把握するために月次決算をしていますが，法的な決算で年1回の会社は，B／Sの期首の商品60がずっと残り続けているわけですね。」
「社長！　その通りです。正しいかどうかも分からず，確認していないのでそのま〜んま残り続けます。」

「先生，考えてみると恐ろしいことをやってますね。これだけIT技術が発達しているので，棚卸ぐらいササッとできそうな気がしますが…」

「先進的な企業では当然やっています。毎月どころか毎日棚卸が瞬時にできるので毎日決算です。バーコードやQRコードその他ICチップとセンサーで…しかし投資も大変ですから，本当に限られた企業です。」

「そもそも，POSレジで売った時にスキャンするんだし，落としたとしても，その商品をスキャンすればイイじゃないですかぁ〜。」

「でも，それでは万引きとか，万引き犯が，『これ万引きしま〜す！』ってスキャンしてくれるわけでもないしね。」
「そ〜かぁ〜，最終的には実地棚卸かぁ〜。」

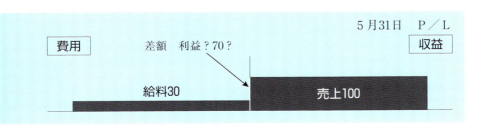

16 在庫があれば仕入れずに売る… また妙なことに(2)

「社長，さあ，5月の月次決算のために棚卸をします。4月末の棚卸と異なるのは，5月は棚卸の結果『在庫はゼロだった』ということが分かることです。」

「先生，ゼロも重要な情報ですからね。次，発注しないといけない！」

No.	日付	摘要	入金	出金	残高
❶	5月2日	現金販売100万円	100		180
❷	5月31日	給料30万円支払い		30	150
❸	5月31日	棚卸したら商品は0でした	—	—	150

「では棚卸に基づいて，B／Sの"資産"から商品60を減らします。そしてP／Lの"費用"に仕入を60と載せます。だから仕訳は…？　社長どうですか？」

<u>仕入60 ／ 商品60</u>

「仕入60・商品60ですね。」

「正解！　200頁の4月末の仕訳"商品60・仕入60"と逆になるワケです。実際の経理処理は，もう少し複雑なんですが，省略してお話しています。」

「と言われると，却って気になりますね（笑）。少しだけ教えてください。」

「ハイハイ！　つまり，さっきの仕訳は4月末の在庫60でしたよね。それが5月末には0なので，全部取消した…だからまったく同じ数字で，反対の処理

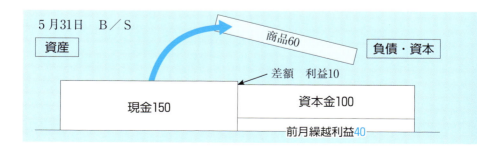

…このことを反対仕訳というのですが…これをしました。
　ところが，実務では0ってことは企業全体としては，ま〜ありえませんので5月末にもある程度の在庫があります。
　そこで，5月末の在庫は改めて，また"商品＊＊・仕入＊＊＊の仕訳をやるんです。これを毎月繰り返すのです。ざっとだけ見てくださいね。つまり…

> 4月末の仕訳
> 　4月末の在庫60だとするとこうします…"商品60・仕入60"
> 5月末
> 　5月の月初の仕訳。4月の在庫60を取消す…上記の反対仕訳"仕入60・商品60"。次に5月末の仕訳。在庫が設例と違って70だとすると"商品70・仕入70"
> 6月末
> 　6月の月初の仕訳。5月の在庫70を取消す…上記の反対仕訳"仕入70・商品70"。次に6月末の仕訳。在庫が50だとすると…"商品50・仕入50"
> 　…と，毎月繰り返すわけです。在庫があるとこうして毎月**面倒くさい。**」

「先生，すみません。また質問です。そんなことしなくても，差額で処理すれば良さそうなもんですが…」
「すると毎月差額を計算しないといけません。間違いも起こりやすい。そこで，そのまま前月を全額消して，改めて今月を全額計上する方が手間も省けて安全。」
「な〜るほど！　賢い！　仕訳は，パターンで登録しておけばイイからね。」
「そして！　5月末から在庫を省略しているのは，実は"裏話"があるんです。それは次頁で…」

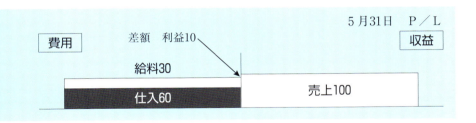

裏話　この本の作り方の仕掛け

「42頁の裏話もそうですが，この**裏話ってのが結構重要**なんです。」
「先生，裏話は**興味がそそります**もんね。前頁もそうでした！　是非！」
「では，社長。前頁の最後に話したように，**5月末からは在庫が無くなりました**。在庫は4月末に登場して，5月末に消えたことになります。」

「そうですね。一般の店で必ずある**在庫を登場させないのは何故？**　とワシが問うと，先生は198頁では，在庫があると極端に難しくなり，入門編としてキツいと言われましたよね。」

「そうです。今回の第4章では**利益と資金のズレ**のお話しをしています。まだ出てきてはいませんが，このズレを生む要素は実にたくさんあります。
利益ではPVQFGの5要素だけでしたが…さらに2桁位の要素が登場します。」
「へ〜そんなに！　ちなみに何ですか？」

「それらをイメージにすると右図のようです。まだまだあります。現実の実務はこれらが同時に動きますから，わけが分からなくなります。

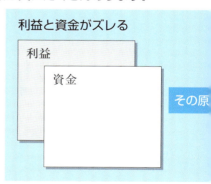

そこで，**利益のところではPVQFGの，1つずつ取り上げて，1つだけを変化させて，他の要素は変化しないように**しましたよね。
2つを変化させると，複雑になります。しかし実務は，全部が動きます。すると何が原因でこの利益が出たのかの分析が複雑になります。」
「そ〜言えば，確かにそうでしたね。」

「それは**資金でも同じ**です。ですから，**利益と資金がズレる要素の最初に売掛金が登場しましたが，その後，現金売りに戻しています**。実務ではありえない話です。

第 4 章　儲かっても"資金"で潰れる　207

　そして，在庫が登場して，また無くなりました。次は買掛金が登場し，また無くなり，設備投資が登場し……また無くなります……と 1 つ 1 つの影響が分かるように構成しているのです。」

「な～るほど！　仕組んでありますねぇ～先生。」
「実は，まだまだ仕掛けがあるんですが……これはまた後として，在庫はややこしいので，次にまとめておきます。」

17 **売上原価**のつかみ方

「では社長，ここで在庫のことをまとめますね。4月～5月の例のように，**仕入がそのまま売上原価にならないこと**を理解してもらいました。」

「棚卸をして調整するんでしたね。」

「つまり，棚卸で『仕入』を『売上原価』に修正しているわけです。ところが前頁でお話しした大人の事情で（笑），5月末に再び在庫は0になりましが，もし5月末に在庫があったら，5月は月初にも月末にも在庫がある状態になります。」

「普通のお店は，いつでも在庫がありますから，**それが通常**ですよね。」

「ですから，実務では205頁の仕訳を毎月のように繰り返して売上原価をつかんで，それを売上高から引いて利益を計算しているわけです。」

「あの仕訳は手品みたいでしたね。」

「そうだと思います。そこでそれを図解してみます。ボックスを倉庫として考えて下さい。」

❶ まず倉庫に月初に商品が50万円ありました。

❷ この1か月間の仕入れが1,000万円でした。

❸ すると合計は1,050万円になります。

❶ 月初棚卸 50万円
❷ 仕入 1,000万円

❸ 合計
　　1,050万円

もし，この1か月間で1個も売れていなければ，月末に棚卸をしたら当然1,050万円の残っているはずですね。

❹ 実際に月末に棚卸をしたら100万円ありました。

❺　ということは❸－❹，つまり，1,050万円－100万円＝950万円分だけは「売れたらしい」と分かります。」

「先生，その"売れたらしい"と言う奥歯に物が挟まったようなのは何ですか？」
「残っていたのから，逆算しているので，本当に売れたとは限らないわけです。つまり，万引きされたのも，おしゃかになったものも，入っているわけです。」
「そっかぁ！　物によっては腐って処分しちゃうこともあるし。試食したのもあるし…考えてみると色々なことがありますね。」

「現実世界は複雑ですものね。ま〜それでも，そんなこと，あんなこと，すべて売るために起こっていることだから，"売り上げるために発生した原価だ"と大人の考えをして，半ば諦めですが，商売というのはやってきたわけです。」

「なるほど。ところで，経営者が集まった席で，『棚卸は利益になる』って言っている経営者がいましたが，どういうことでしょうか？」

「それは社長，下図で，月末の棚卸を増やしてみたら分かります。」

「え〜と❹を例えば50万円増やして150万円とすると…❺の売上原価が差引き900万円になる…そうか！　売上原価が減るということは，利益が出るということですね！」

「その通りです。だから棚卸は重要なのです。地味な作業ですが，税金の面でもポイントになるので，次頁の棚卸の仕方ということで見てみましょう。」

18 棚卸の仕方
現場の社員に理解させないと！

「先ほども話したように棚卸というのは大変な作業です。」

「分かります。ウチのクリーニング店みたいなところでも，仕上がって預かっている服を数えるだけでも大変ですから…。」

「私がかつて勤めていた店では，やはり年に１度の棚卸でしたが，倉庫ですからどうしても店よりは環境が悪いわけです。裸電球の下，暗いし暑いし面倒だし…そう，この面倒臭さが大変です。

暗い，暑い，埃っぽい倉庫

通常の商店はストックは積み重なっていますから，下の方の奥の方にある物を出して数えるのは大変です。」

「それはクリーニング店では余りないことですね。皆，釣り下がってますから…ね。それでも大変なのに。」

「奥にある大きな箱は100個入りと書いてあるけれど，中身を確認しなければならない。面倒だから，『恐らく100個入っているだろう』なんてザラでしたね。若造だった当時は，棚卸の意

何個残っている？

味など知る由もないので，早く終わりたいばかりですからね。」

「なるほど，残業代もついてなかったんでしょうね。そうすると早く…ですね（笑）。」

「１個数十万円の物だってあるわけです。ある電気部品の製造業のお客様の棚卸で，こんなことがありました。**大手機械工作機メーカーの得意先から特注品の製造を頼まれて製造をしています。納品は100台なのですが，材料部品の仕入はそれぞれ100台分とはいきません。失敗したりするから，余分にも仕入れ**たりするワケです。歩留まりといって，100台作って全部検査に通るとも限りませんので，**110台とか作って，内100台を納品**するわけですね。」

「製造業は，そんなこともあるんですね。**追加注文もあるかもしれませんね。**」

「そうなんです。急遽そうなると、ロットでまとめて作った方が安く作れるのである程度はまとめて作るんですが、追加注文もなく、その100台で終わりということもあります。製造は歩留まり良く110台完成すると、10台残っていますから、これは在庫として評価しないといけない。」
「当然、前の話のように棚卸すると利益が増える。」
「それだけじゃ～ないんです。利益が増えるから税金がかかる！」
「あ～～！　そうかぁ～！」

電気部品の一部

「これは担当者しか分からない。しかし担当者も経理と営業の連絡が上手く行っていないと…そのお客様の例では、大手機械工作機メーカーからの100台の納品後しばらくすると、その品番はICに切り替わり廃版になってしまった。経理ではそんなことは知らない。営業は『あ～そうですか』ぐらいでしか得意先メーカーの話を聞いていません。修理交換もあるかもしれないので残しておく。しかしその情報は『発注』ではないから伝票発行のようには経理に連絡もしない。」

「すると、その在庫はずっと眠り続けたわけですね。」
「そ～なんです。1台10万円程度ですから100万円。税金が30％として30万円も余分に…。つまり、担当者間のコミュニケーションができていれば、その在庫は、無価値0円だということで、廃棄処分できたのです。」

「じゃ～10台残したまま、0円と評価すればイイじゃないですか。」
「税務署は、それを認めてくれないのです。だって、そんなの認めたら、『これも無価値、これももう～売れないなぁ～』って0円評価したら在庫がドンドン減ります。すると、さっきと逆で利益がドンドン減ります。つまり税金が節税されてしまうから、本当～～に廃棄して姿形が無くなってしまわないと認めてくれないんです。」
「へ～！　そうなってるんだぁ！」
「だから、その辺りのことも社員に理解してもらわないといけないし、先ほどの営業と経理とのコミュニケーションも図ってもらうようにしないと…」
「深いなぁ～。」
「実は、本も同じです。売れ残りの本は断裁して処分するんです。」

19 買掛金の登場でまたまたズレるが…初めは楽

「社長，これまでは仕入は現金でした。しかし商売を続けていると信用もできてきて，翌月払いが認められるようになりました。」

「やっと一人前になったんですね。仕入れた時点では支払いは無いのでイイじゃないですか。」

「そ〜考えるのが普通ですよね。資金繰りが良くなるって…ところがこれも注意しないといけません。下の取引明細のように商品を掛け仕入しました。」

「だから，出金は 0 なんですね。支払いは翌月ですね。」

No.	日付	摘要	入金	出金	残高
	5月31日	棚卸したら商品は 0 でした	—	—	150
❶	6月1日	商品1個60万円掛け仕入		0	150

「この瞬間，B／Sは下のように，買掛金という，支払わなければならない"義務"すなわち"負債"が60発生しました。負債は初めて登場しますね。社長，仕訳はどうですか？」

「左側（借方）は今まで通りですから"仕入"で，右側（貸方）が現金支払いなら現金だけれど，掛けになったので，買掛金ですね。」

仕入60 ／ 買掛金60

「そうですね。一方P／Lの方は，以下のようにお金は出ていかなくても"費用"は発生します。これを発生主義といいます。」

「ワシも，商売を始めるまではこの買掛金という感じがつかめなかったのですが，一般のサラリーマンで言うと，クレジットカードで物を買ったみたいな感じですね。自己破産する人も出る…」

「クレサラ事件ですね。初めは楽という点でよく似てます。ただし，商売の上でカードを使うのは多くの場合，売上を構成する原価である仕入ではなくて，その他の買い物…例えば，この本を買ったときにクレジットカードを使うとかでしょう。そういった時は，"未払金"という科目を使いますね。」

「なるほど，原材料等の仕入など，売上に直結するものが"買掛金"そうでないモノは"未払金"なんですね。」

「ですから，買掛金は毎日のように頻繁に発生するでしょうね。だからその都度現金支払いしていたら，大変ですので，有難い面もあります。しかし，仕入等はクレジットカード以上に多額になるので注意しなければいけません。」

「仕入先からみれば，売掛金ですものね。夜逃げされたら大損！」
「だから，仕入先にもよりますが，取引前提として保証金を支払わないと取引ができないとか，売掛限度額が決まっている場合もあります。
　これを与信管理といいます。信用をどれだけ与えるかということですね。」

20　1月〜5月と同じ取引をして 6月の月次決算

「さて，社長。続く6月の取引は1月〜5月とまったく同じで，下の取引明細のように，❷現金販売100万円❸給与支払い30万円で，現金残高が220万円となりました。」

「思わず，『ふ〜楽になったぁ〜』と思いますね。現金残高があるもんネ。」

No.	日付	摘要	入金	出金	残高
	5月31日	棚卸したら商品は0でした	—	—	150
❶	6月1日	商品1個60万円掛け仕入		0	150
❷	6月2日	商品現金販売100万円	100		250
❸	6月30日	給料30万円を支払い		30	220

ふ〜楽になったぁ〜

「社長，その気持ち！　それを大切にして，味わってください。同じ取引をしているのに，気持ちは変化する。それはお金のあるなしなんですね。
　そして，そもそも何故，資金が楽になったんですか？」
「それは，仕入れを買掛金にしたからですよね。」

「そう！　買掛金，つまり掛け仕入は，このように資金を生みます。しかし，ひと時です。いつかは支払わなければなりません。」
「先生のこの設例の場合は，支払いサイトは1か月でしたよね。だから7月に支払うことになるんですね。」

「そうなんです。クレジットカードとほぼ同じですね。買った時は嬉しい。その後，請求書が送られてきて，『こんなに買ったのか！』と驚くことになって，支払いに追われる…。喜びだけを先に得ると，後は苦しみだけがやって来る…。」

「先生，この会社も半年が経過しましたね。」
「参考のために，半年間の累計のP／Lを載せておきましょう。」
「とても順調なようには見えますね。」

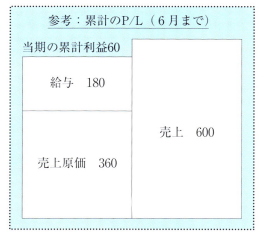

「左と下の決算書を見ていただくと，どうです？　この架空の会社を逐一見てきたので，相当読めるでしょう？」
「あ〜〜！　本当だ！　昔，つまり今朝とはまったく違った感覚です！　説明できる。現金220の明細は，今までの取引明細の出納帳を見れば歴然としていますし…」

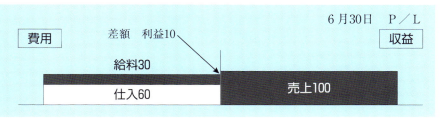

21 先月の買掛金の支払いをする

「7月最初の取引は、先月1日の掛け仕入の買掛金60万円の支払いをし、現金残高が160万円になりました。この瞬間、社長はどう感じます？」

No.	日付	摘要	入金	出金	残高
	6月1日	商品1個60万円掛け仕入		0	150
	6月2日	商品現金販売100万円	100		250
	6月30日	給料30万円を支払い		30	220
❶	7月1日	買掛金60万円を現金支払い		60	160

やっぱり払うんだぁ〜

「覚悟はしていたけれど、やっぱり払わないといけないんだぁ〜って感じでしょうか（笑）。」

「社長、私も同感ですね。払わないと踏み倒し、泥棒に近いですもんね。仕訳は？　いかがですか？」

「買掛金を支払い減って、現金も減ってですから、"買掛金60・現金60"ですね。」

買掛金60 ／ 現金60

「そうですね。一方P／Lの方は、お金は払っているけれど、変化なし。」

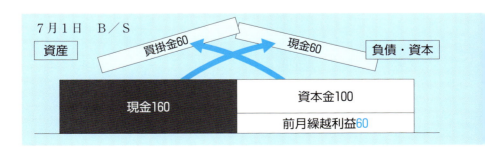

第4章　儲かっても"資金"で潰れる　　217

　「先生，段々分かってきましたよ。買掛金を支払った…つまり"負債"を支払ったのであって，"費用"を支払ったのではないということですね。」
　「この分は既に，先月に仕入れた時点で"費用"にしていますから…。」
　「二度，経費にすることはできませんものね（笑）。」

　「ここで社長，買掛金の影響をまとめておきましょう。
　買掛金が増えると，その分，支払いが延期されますから，その時点では資金に余裕が生まれます。前項での現金残高は220だったことは，左の取引明細の6月30日でも分かりますね。
　これをよく"お金が浮く"などと表現することがあります。
　逆に，買掛金が減るということは，その分，支払っているので資金は少なくなる…これが左頁の場合ですね。」

> 買掛金の増加は，資金の増加 ↗
> 買掛金の減少は，資金の減少 ↘

　「先生，まったく逆の動きをする，195頁の売掛金と並べると対比が鮮やかですね。」

> 売掛金の増加は，資金の減少 ↘
> 売掛金の減少は，資金の増加 ↗

　「この2つの要素に198頁で話した在庫の増減が重なるので実務は大変なのです。」

7月1日　P／L

| 費用 | | 収益 |

22　6月までと同じ取引を現金でして 7月月次決算

「それでは，買掛金は結局は支払わなければならないので，後でビクビクするよりも，現金があるなら，その時その時で払うことに会心したとしましょう（笑）。」

「先生，そうですね。それが潔い！（笑）」

「ということで，下の表の❷では6月1日と変わって，現金仕入にし，その後は，ずっと同じ取引を全部現金でしました。」

No.	日付	摘要	入金	出金	残高
	6月1日	商品1個60万円掛け仕入		0	150
	6月2日	商品現金販売100万円	100		250
	6月30日	給料30万円を支払い		30	★220
❶	7月1日	買掛金60万円を現金支払い		60	160
❷	7月2日	商品60万円を現金仕入		60	100
❸	7月3日	商品現金販売100万円	100		200
❹	7月31日	給料30万円を支払い		30	★170

「すると先生，★印のように現金残高は170になりました。

先月6月末の現金残高は上の表を見ると★220なのに，今月7月末は★170で，50減ってますね。これはどういう風に説明できるのでしょうか？」

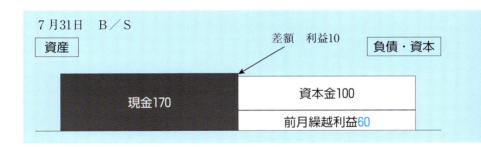

「それは社長。簡単ですね。1つは，今月7月は❷で商品を現金仕入れしているのに対し，6月1日は掛け仕入をしていて，❶で先月分を今月支払っているので，いわば2回分払っているので，60万円は資金が減ります。

しかし，7月の取引で10万円の利益がでましたので資金が10増え，差引き50の減少に留まったわけです。」

「なるほど～～！　こうやってちゃんと説明できるんですね。」
「社長。経営者は，こうやって，どこでどれだけお金が減ったか増えたかを把握できなければなりません！」

> 経営者は，どこでどれだけお金が，減ったか増えたかを把握し，説明できなければなりません。

「だから，前項で，買掛金の増減と，売掛金の増減が資金にどう影響するのかをまとめていただけたわけですね。」
「そうです。これまでで，買掛金・売掛金・在庫の増減がどう資金に影響するのかを見てきました。それぞれの頭文字をとってKUZ（クズ）の管理は『運転資産の管理』と言われて重要ですが，さらに先があります。」
「すると先生，次は？」
「次は，設備投資です。設備投資は自己資金でする場合と，借入金でする場合とがあります。どう違うのか？　これも大きな課題です。」

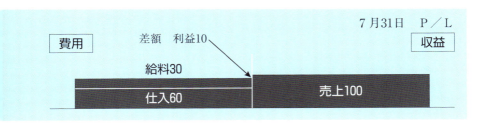

23 パソコンを導入（自己資金で設備投資）

「さあ～慣れてきたので社長，少しスピードアップします。以下の❶～❸はいつもの取引と同じです。お金も溜まってきたので，❹で100万円のPCを買い，現金残高は80万円になりました。さあ～❹の仕訳は？」

No.	日付	摘要	入金	出金	残高
	7月31日	給料30万円を支払い		30	170
❶	8月2日	商品60万円を現金仕入		60	110
❷	8月3日	商品現金販売100万円	100		210
❸	8月31日	給料30万円を支払い		30	180
❹	8月31日	現金100万円でPC購入		100	80

「PCは備品という科目の"資産"ですよね。"借方 備品100万円・貸方 現金100万円"」

備品100 ／ 現金100

「大正解！　科目は，別にパソコンでもPCでも分かればOKですからね。」

「すると先生，取引明細から現金80，パソコン100，前月繰越利益は，先月の利益10が加わって70。そしてP／Lはいつもと同じで完成。」
「そうです。OKです。それでは社長，先月末の現金170が，今月末には80になったのは，どうやって説明できますか？」

8月31日　B／S

資産	負債・資本

現金80	資本金100
パソコン100	前月繰越利益70

第 4 章　儲かっても"資金"で潰れる　　221

「当然，今月はPCを現金で100払ったので減って，1か月の利益が10あるのでこれで現金が増えて，差引90減ったので170が80になった！」

「大正解。ちなみにPCは30万円以上で税法上は備品，つまり"資産"になり，30万円未満だと，消耗品費などの科目で"費用"とされる場合が通常です。」

「うん，これはワシでも知っている常識ですね（笑）。」

「さ〜〜て社長！　お気づきですか？　ここまで1月から8か月間，毎月利益は10万円で一定。ところが，右表のように，月末の現金残高を見ると，毎月暴れてますね。」

資金は暴れる！

月	利益	現金残高	増減
1月	10	110	110
2月	10	20	▲90
3月	10	130	110
4月	10	80	▲50
5月	10	150	70
6月	10	220	70
7月	10	170	▲50
8月	10	80	▲90

「本当だ！　凸凹が＋110万円から▲90万円だから上下で200万円も暴れている！　恐ろしい暴れ馬だ！」

「そして重要なのは社長の気持ちは利益よりも現金残高の増減の方がマッチしていると思いませんか？　この資金の波に翻弄されて皆，落馬！　倒産するんです。如何に資金管理が重要か！」

「そうそう，5月〜6月なんでウハウハの気分，あ〜丁度5月は在庫があったので仕入がなかったのと，6月は買掛金で楽をしてた…けどその後に反動が出てますねぇ〜。」

「利益が10ずつ安定して出ていたって感覚よりも，お金に心配が行くのは当然で，残高がマイナスになった途端に倒産ですからね。」

24 減価償却をする（初めての赤字！）

「9月も社長，スピードアップで。以下の❶～❸はいつもの取引と同じです。❹で20万円の減価償却をしました。さあ～❹の仕訳は？」

No.	日付	摘要	入金	出金	残高
	8月31日	現金100万円でPC購入		100	80
❶	9月2日	商品60万円を現金仕入		60	20
❷	9月3日	商品現金販売100万円	100		120
❸	9月30日	給料30万円を支払い		30	90
❹	9月30日	減価償却を20万円する		0	90

「減価償却費分だけ価値が減ったので，右側が備品ですね。」

減価償却費20 ／ 備品20

「さすが社長，減価償却費は，備品や機械の資産を使い始めてから計上するので，8月31日に買って，まだ箱から出してない場合は，減価償却費は計上しないんですね。今月9月からです。

これは，税務署と揉める注意点です。PCならセッテイングして使い始めないとダメなんですよ。大型の何億円もする機械だと，設置するだけでも日数がかかるし，さらに試運転……で何か月もかかることもあります。」

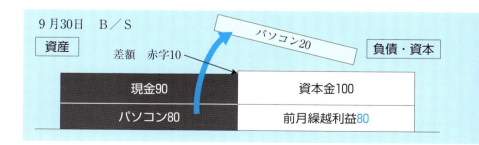

第4章　儲かっても"資金"で潰れる　223

「へぇ〜！　なるほどね。期末に経費にしようとして,慌ててもダメですね。」
「さあ〜B／Sは,パソコンが減価償却費の20だけ価値が減って80に,先月までの繰越利益8か月分の80で,現金残は90ですね。」

「ところで社長。取引明細の減価償却費は出金はゼロですが,何故ですか？」
「これは聞いたことがあります。『減価償却費はお金が出ていかない経費だ』と…このことですよね。」
「その通りです。お金は先月100出金してパソコンを買っていますからね。」

減価償却費はお金の支出のない経費
その分,利益と資金がズレる

「先生！　赤字10ですね！　そうか減価償却費20が発生したので,1月〜8月まで毎月コンスタントに10ずつ利益を出していたが▲10になったんですね。」

「そうです。実は,この設例では,デフォルメ（誇張）してあるので減価償却費は大きい金額にしてありますが,経営者は,備品や車や機械といった減価償却資産というものを買う時は,償却費がいくらになるかをつかんでおく必要があります。」

「先生,それは法定耐用年数というやつですね。」
「税法という法律で決められていて,通常はこれを使いますが,より正しい経営会計をする場合には,独自の耐用年数によるべきです。しかし,ま〜小さい会社,特に入門の場合は法定耐用年数でもイイでしょう。」

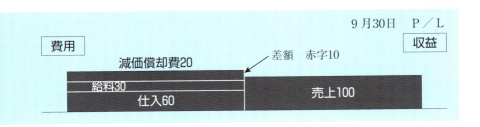

25 減価償却費はなぜあるのか？

　「前頁で初めて計上した減価償却費ですが。そもそもなぜ計上するのか？社長はご存知ですか？」

　「はて？　習慣のようにやってきたので疑問すら持たなかったのですが…」

　「2つの目的があります。1つ目は"毎期の利益を適正にするため"で，専門家は"期間損益適正化"と言ったりします。

　「毎期の利益を適正に？　節税のためではないんですね。」

　「はい，節税のためだったら，減価償却しないで，買った年に全部経費にした方がイイですもんね。」

　「なるほど，確かにそうだ。わざと何年かに散らして経費にするんだもんね。」

　「社長そこです！　たとえば下表のように5年間同じ努力の結果，売上・売上原価・経費は機械を買った初年度以外は同じであったとしましょう。そうすると，5年間の利益は当然同じにならないと可笑しいですよね。」

	1年目	2年目	3年目	4年目	5年目
売上高	1,000	1,000	1,000	1,000	1,000
売上原価	700	700	700	700	700
機械以外の経費	200	200	200	200	200
機械代金	300	0	0	0	0
利益	▲200	100	100	100	100

機械を買った年だけ赤字。
1年目の経営者は無能だったのか？

　「そうか！　機械を買った年だけ赤字になってしまう。でも2年目以降も使う。」

　「そうです。赤字にしないために機械を買わなかった方が良かったのか？」

　「そんはことはないから，先生，分かった。使う年に会費のように費用を分担させるわけですね。賢い！」

第4章　儲かっても"資金"で潰れる　225

「そうです！　機械は5年間が耐用年数だとすれば，その年数で各年が費用を負担してもらわないと，正しい利益とは言えない。するとこうなります。」

	1年目	2年目	3年目	4年目	5年目
売上高	1,000	1,000	1,000	1,000	1,000
売上原価	700	700	700	700	700
機械以外の経費	200	200	200	200	200
減価償却費	60	60	60	60	60
利益	40	40	40	40	40

300万円の機械を，その使う年数（耐用年数）の5年に平等に負担させると60万円。すると利益は平準化する。

「すると先生，前項でやった，減価償却費はお金が出て行かない経費だっていうのも自動的にわかるね！　2年目以降は，金を払ってないのに経費だもの。」
「社長その通り！　このことは資金に影響します。利益と資金とがズレます。」
「これは避けられないわけだ。で，先生。もう1つの目的は何ですか？」

「5年間60万円の出金がないのに経費となるので，その分，社内に現金が蓄えられます。すると5年経過後には再び同じ機械を買うだけ溜まるのです。」
「しかし先生，それは計算上溜まるだけで実際に溜まった実感がないよね。」

「そうです！　そこで社長にお勧めしたいのが，「積り預金」です。つまり，毎年減価償却費と同じ60万円だけ別に積立金をします。これは費用にはなりませんが，減価償却費で費用にはなっていますので，まるで費用化できる預金ということになります。」
「すると，5年経過後に見事に300万円が積立られているということかぁ！」

「つまり，減価償却費は再投資目的があるのです！　通常は一般の預金の中に紛れ込んでしまうので，拘束性を高めるためにも，別預金にするのです。」
「先生，まるで公認社内へそくりだな！（笑）」

26 黒字化めざして売上アップ さぁ～どうなる

「さて社長，パソコンの導入で業務改善が進みました。つまり設備投資が有効に機能し始めました。設備投資で重要なのは粗利益MQアップにつながるかどうかです。設備投資した費用は減価償却費として固定費Fになりますから，それを上回る粗利益MQを稼がないといけない…これは復習ですね。」

「なるほど先生，下の図で，今の話の位置づけが分かりますね！」

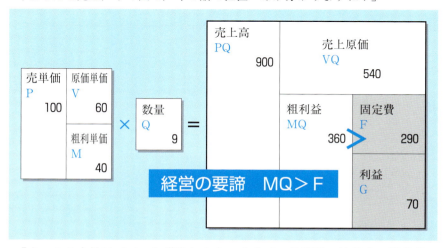

「ま～この会社はパソコン導入により，今まで，見積書・納品書・請求書・仕様書など細かな手続きを自動化できて，受注が2倍可能になりました。

しかし，仕入が追いつきません。下のB／Sのように現金が90しかありません。

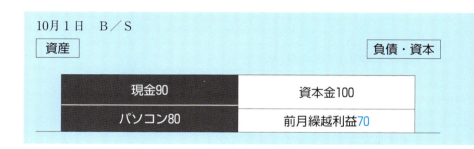

2個仕入れる資金120がないのです。そこで，6月の仕入の時のように掛け（買掛金）仕入を復活させることにしました。

こうして，10月からは売上も2倍になっていきます。つまり売上アップには資金も必要なのです。これによってB／S，P／Lはどう変化していくのでしょうか？」

「先生，ワシのような会計的な知識の弱いトップにとっては，冷や冷やです。」

「そうですね。資金と利益の差が大きくなり，管理不能になっていく可能性が潜んでいるのです。一般的には売上アップは良いことです。しかしバランスを欠いた成長は命取りになります。

だからこそ，B／SとP／Lを総合的に，かつ決算書のような結果ではなく，予測する能力が求められるのです。

その総合性を論理的に表す道具は現在に至るまで「複式簿記」に勝るものはないのです。

ただし，その複式簿記という道具をどう使うかというとき，結果ではなく，予測的に使える能力が欠かせないのです。」

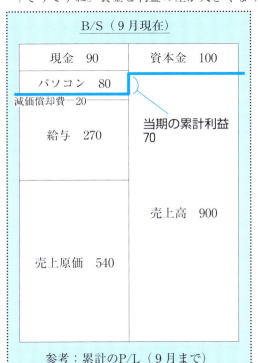

27　資金不足で買掛金復活して売上アップへ！

「10月も"いつもの取引"をするのですが，先月の9月に赤字に転落してしまったので，売上アップのために，仕入を増やさなければならない。しかしそのためには60万円×2個＝120万円の**資金が必要**ですが，9月末現在は90万円しかない。やむなく❶の仕入れで掛け仕入を復活させました。そして事務処理がPC導入で順調に運び，❷の2個販売が可能となりました。」

No.	日付	摘要	入金	出金	残高
	9月30日	減価償却20万円		0	90
❶	10月2日	商品2個120万円を掛け仕入		0	90
❷	10月3日	商品2個200万円現金販売	200		290
❸	10月31日	給料30万円を支払い		30	260
❹	10月31日	減価償却20万円		0	260

「先生，現金残高は260万円と**飛躍的に伸びました**よね。掛け仕入だから…」

「その通り，通常のBtoC,つまり，一般消費者向け商売はこの形式がほとんどで，俗に"**日銭商売**"とも言われて，**資金の上では楽なビジネスモデル**と言えます。」

「先生，経営者同士の話の中でもよく出てきますよ。『**日銭が入ってくるから楽だねぇ～**』という**言葉の重さ**…資金的に楽なんですよね。そして，日銭が溜

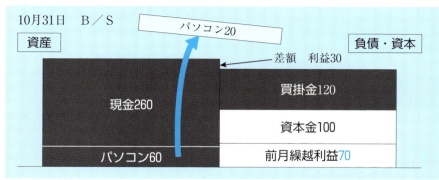

まった後，翌月，その仕入代金を払えばイイ！」
「建築業は入金が遅いからといって飲食業を兼営して日銭を…と考える経営者は多いですね。社長の所も，このBtoCですから，儲かって仕方がないはずですよね。」
「あれ？　そうですね。言葉は悪いけれど，他人のふんどしで相撲を取れるんですからねぇ〜。」
「それなのに，なぜ企業は潰れていくのでしょうかねぇ〜。この後，琵琶の音と共に…その一端が見えてくるでしょうネぇ〜。」

「えぇ〜っ琵琶？　先生，何か悪い予感が…（笑）(233頁参照)。さて，P／Lの方はと言うと，当然，B／Sと同じ利益30ですが，見事に黒字化に成功しましたね。」
「はい，黒字転化は嬉しいことですが，売上は2倍になりましたが，利益は何倍ですか？」
「え〜と8月までは毎月10でしたから，何と3倍ですね！」
「そう！　売上が2倍になったら，利益も2倍ではなく3倍に…なぜか？これも復習ですね。」
「はい，給料30と減価償却費20は固定費Fで変わらないからですね。」
「御名答！　ではもう1問。左頁の現金残高は先月末90が今月末260になりましたので，170増加しました。しかし利益は30だけです。この差額140の内訳を説明してください。」

「はい。まず，掛け仕入で文句なく，120お金が浮き，さらに減価償却20はお金が出て行かない経費ですから合計140ですね。」
「バッチリです！」

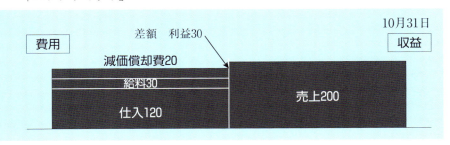

28 それでも支払日はやって来る買掛金

「11月になりました。最初に先月の2個の仕入れ代金(買掛金)を支払わねばなりませんね。」

「前頁でちょっとだけイイ気分になったのですが,それでもやはり支払日はやって来るんですよねぇ〜。これはいつも実感しています(笑)。」

No.	日付	摘要	入金	出金	残高
	10月2日	商品2個120万円を掛け仕入		0	90
	10月3日	商品2個200万円現金販売	200		290
	10月31日	給料30万円を支払い		30	260
	10月31日	減価償却20万円		0	260
❶	11月1日	買掛金120万円支払い		120	140

「この瞬間,B/Sは,現金120が減り,買掛金という"負債"も120減りました。しかも…支払うだけでは,今月売る商品がありませんから,再び掛け仕入しなければなりません。これは2頁後の"いつもの取引"で出てきます。」

「と言うことは先生。今月だけを見れば,何のことはない,現金仕入と同じ? ということになりますね。」

「確かにそう見えますね。しかし,だからと言って先月に掛け仕入しなかった方が良かったのでしょうか?」

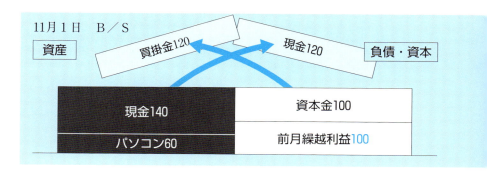

「違うと思います。先月10月2日現在では，現金は90万円しかなかったので，120万円の掛け仕入のメリットは確かにあったと思います。」

　「私もそう思いますね。あの時に，つまり先月10月2日に仕入れたからこそ，10月3日に2個200万円で売れた…のです。現金が90万円しかないからといって，1個60万円しか仕入れなかったら，当然売れるのは1個止まりです。機会損失ですよね！」

　「そうすると，9月と同じく今月10月も赤字になってしまっていた…。ねぇ～先生。」
　「しかし社長。それは結果として2個売れたからこそ，そう言えるだけなので，売れなかったらまた展開が変わってきます。」

　「先生，その売れなかった時の話しは出てくるんですか？」
　「はい。でも相当後に…今日はお話しできるかな？　売れ残って無理に売るとどうなると思いますか？」
　「値引き販売かな？」
　「第1章～第2章の流れでは売単価Pのダウンでしょうが，今は資金の話ですから，また別の展開になりますが，利益Gも如実に落ちます。」
　「気になりますねぇ～」

　「いずれにしても，経営には"先見性"が欠かせないことは事実です。しかしその前に，もっと気にしなければならないことがあるのです。」
　「なんだろう？　先見力がないから分からないぃ～。」
　「ハハハそこですか。言えることは先見力もこうした経験で磨くことですね。」

11月1日　P／L

費用		収益

29 この調子ならイイぞ！

「11月の残る取引も"いつもの取引"をしました。」
「順調ですね。わぁ〜**現金残**が310になりましたよ！　最高記録じゃないですか！　素晴らしいですね。」

No.	日付	摘要	入金	出金	残高
❶	11月1日	買掛金120万円支払い		120	140
❷	11月2日	商品2個120万円を掛け仕入		0	140
❸	11月3日	商品2個200万円現金販売	200		340
❹	11月30日	給料30万円を支払い		30	310
❺	11月30日	減価償却20万円		0	310

「これらの結果，B／Sは，再び買掛金が120増え，上記取引明細のように現金が310になりました。パソコンは減価償却でさらに20減りました。一方，P／Lは先月と同じで利益も30です。」

「どうも先生，この辺りが良いバランスじゃないでしょうか。お金が増えてイイ調子ですよね。」

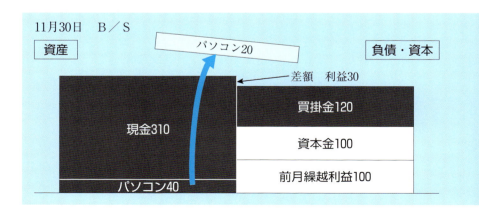

第4章　儲かっても"資金"で潰れる　233

「確かに調子は上向きです。下表は，これまでの利益と現金残高とその増減です。いや，実は…12月と2年目の1月までの利益も予告で載せてあります。」
「へ～！　先月10月から来年1月までですかぁ～。」
「経営会計では会計年度は無視しますからね！（笑）そして，1月～8月も利益10ながら資金が暴れて，その暴れた感覚が経営者の気持ちを表していました。」

月	利益	現金残	増減
1月	10	110	110
2月	10	20	▲90
3月	10	130	110
4月	10	80	▲50
5月	10	150	70
6月	10	220	70
7月	10	170	▲50
8月	10	80	▲90
9月	▲10	90	10
10月	30	260	170
11月	30	310	50
12月	30	?	?
2年目1月	30	?	?

「すると先生，9月からは資金は▲にはなっていないので経営者の気持ちは安泰ですかね。」

「ところが，ヒタヒタと琵琶の音と共に危機が迫って来る足音が聞こえてくるのです。
　しかし，現時点では『利益も出て，しかも資金も』』増えて順調だ。と考えています。『平家物語』の『奢れるものは久しからず』です。

　経営者の気持ちはある意味，まことに移ろいやすいものです。

　勝って兜の緒を締める必要があります。」

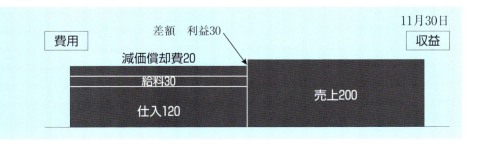

30 軌道に乗って来たぞ！　順風満帆

「年間決算の見込みは，経営は順風満帆。そこで俄かに欲しくなる物がありました。社長ならこんな時，何が欲しくなります？」
「会社で買うから経費になるし…高級車かな？　ステータスシンボルだしね。」

「私も経験あります。営業マンから『節税にもなるし，頑張った自分へのご褒美にも…』などとヨイショされて，段々その気になってきますよね。」

No.	日付	摘要	入金	出金	残高
❶	12月1日	買掛金120万円支払い		120	190
❷	12月2日	商品2個120万円を掛け仕入		0	190
❸	12月3日	商品2個200万円現金販売	200		390
❹	12月28日	給料30万円を支払い		30	360
❺	12月31日	減価償却20万円		0	360

「そんなこんなをやっている内にも12月の業績も11月と同じで上記のように買掛金の支払いも順調で，また利益もお金も溜まってしまいました。」

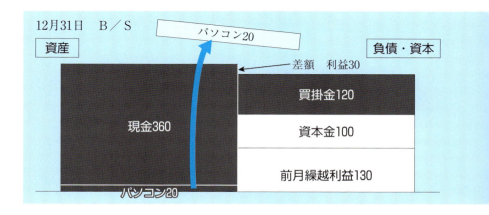

「こんな経営をワシもしてみたいですね。現金残高も先月の最高額をさらに更新しましたね。Ｐ／Ｌは11月同様ですね。年間累計を下図で見てみると，何と，累計で利益が160でまさに順風満帆！」

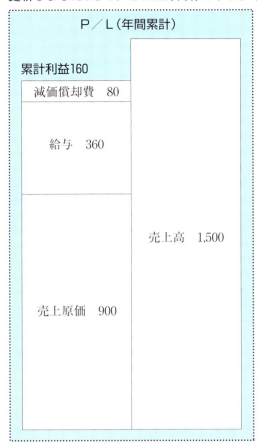

「そこで，かねがね欲しかった高級車を買おうと決心します！」

「オ～っ！　念願叶うか！」

「しかし1,000万円しますから，即金と言うわけにもいきません。
決算書ができたころに銀行で融資してもらえるか相談にいくことにしました。
ただし社長。税金の問題がありますが，207頁でお話ししたように，これを含むととても複雑になるので，ここはフィクションですから，創業者支援税制があり初年度は無税ということにして，話をすすめますね。」

「本当にも欲しいですよね(笑)。」

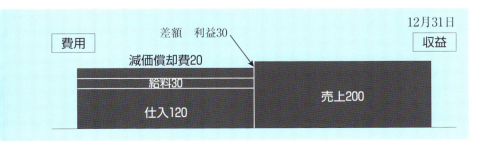

31 銀行に融資相談に行く

「さて，いよいよ2年目です。"いつもの取引"を下表にようにしました。」

No.	日付	摘要	入金	出金	残高
	12月31日	減価償却20万円		0	360
❶	1月4日	買掛金120万円支払い		120	240
❷	1月5日	商品2個120万円を掛け仕入		0	240
❸	1月6日	商品2個200万円現金販売	200		440
❹	1月31日	給料30万円を支払い		30	410
❺	1月31日	減価償却20万円		0	410

「先生，またまた順調ですね。12月と同様，月初の現金360が50増えて410で最高額を更新中ですね。」

「B／Sは，パソコンの最後の減価償却をしたのでゼロになりました。ただし現物の資産がなくなるわけではありません。

ですから，実務では忘れてしまわないように"備忘価額"として1円でも10円でも良いのですが，帳簿上残しておきます。ここでは，ゼロにしますね。」

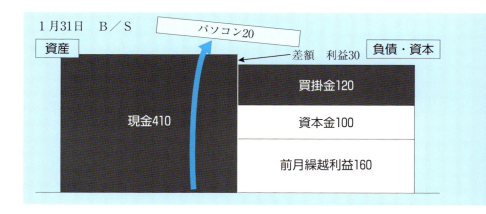

「先生，11月から3か月間，P／Lはまったく同じで利益30でしたね。これに減価償却費20はお金が出て行かない経費だから，資金は50ずつ増えました。」

「もう，社長は完璧に説明できますね。ところで銀行融資の相談ですが，12月までの試算表を見せたところでは大丈夫そう。しかも1月以降の取引も予約までもらえているので安心ですと話しておいたら概ねOKが出て，今回12月までの決算書を持参したら融資決定になりました。」

「先生，いつ入金なんですか？」
「本日1月31日これから入金です。さあ〜，ここで問題です社長！」
「1,000万円の借入でしたよね。問題って何でしょう？　借りられるのが決定したので問題は無いんじゃないの？」

「思い出してください。この会社の設備投資は2回目ですね。」
「そうですね。昨年，8月に買ったパソコンですね。ちょうど，減価償却も終わったけれど…。そうか！　これも先生の仕組んだことですね。交代制だ。」
「そうです。よく気が付きました。さてあの時は，どうやって買いました？」
「100万円全額自己資金でしたね。」

「そうです。そこです！　ところが今回は全額借入1,000万円です。」
「と言うのは先生，借入の返済があるよってことですよね。」
「そうです。これがどう影響するか？　現実の実務では開業時に，店舗や機械の取得で借入を行うことも多く，様々な資金的なズレが一挙に押し寄せます。もちろん，利益も計画通りに出るとは限りません。何か歯車が狂うと後戻りできなくなることがよくあります。この会社のB／Sも次頁で激変します！」

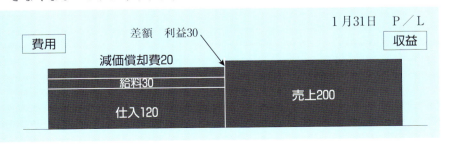

32 高級車購入のため1,000万円借り入れた！

「社長！　借入の瞬間，こんな風にド〜〜ン！」

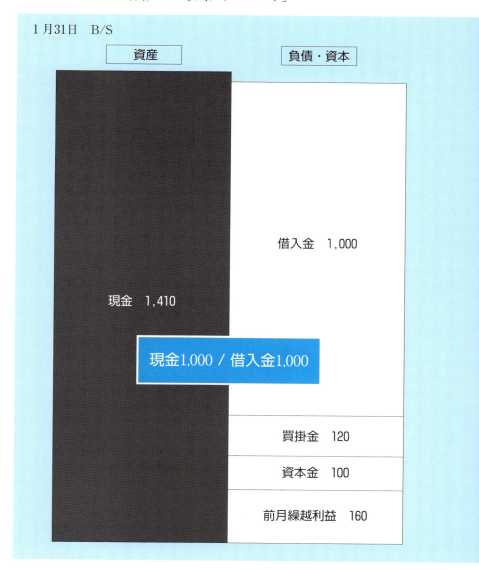

「先生，普通は決算書を面積で表わすことがなくて，数字だけですが，こうすると実感湧きますねぇ〜！ 凄い迫力です。」
「取引明細を書くスペースが無くなってしまったので，こちら側に逃げてきましたが，さっきの続きですから，1月31日に1年以内の返済の約定で借入しました。」

No.	日付	摘要	入金	出金	残高
❺	1月31日	減価償却20万円		0	410
❻	1月31日	銀行借入1,000万円	1,000		1,410

「出納帳では1桁は増えますが，やはり面積ほどではないですね。」

「社長，この1月末時点の決算書で経営分析の1つをしてみましょう。よく使う比率で"流動比率"というのがあります。」
「あ〜よく，銀行マンの人が言いますよね。1年以内に返す借金と現金の比率でしったっけ？」
「そう。100％以上なら優良といわれるもので，この会社で計算すると…

$$\frac{1年以内に資金となるもの}{1年以内に支払う債務} = \frac{現金（1,410）}{借入金（1,000）＋買掛金（120）} = 125\%$$

…とこうなってしまうんですね。この経営分析は正しいのでしょうか？ ふと疑問をもつ瞬間ですね。これは次頁に続く疑問ですが…」
「はて？ 良さそうな100％超えて，良さそうですよね…ダメですか？」

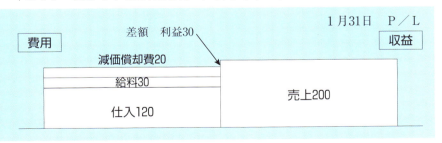

33 翌月，念願の高級車を購入しました！

「社長！ そして，翌月早々に，納車になりました！」

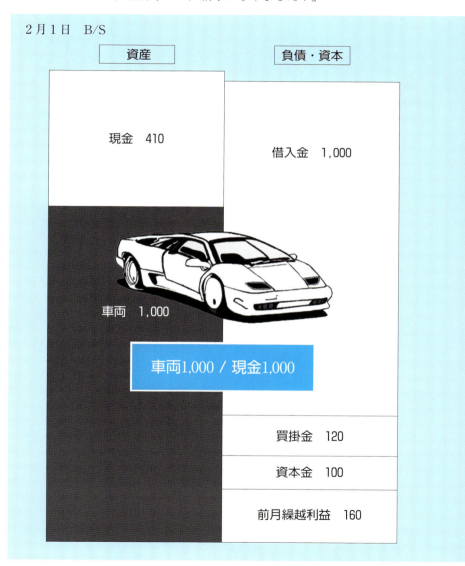

2月1日　B/S

第4章 儲かっても"資金"で潰れる　241

「先生，数頁前から段々と雲行きが悪くなってきましたね。」

「そうです。前項の借入金に対する判断ミスで，それが決定的となりました。それがこの後の月々に重大な影響を与えて，"驕る平家"になってしまうのですが，"正常性バイアス"がかかって見えなくなっているんです。」

No.	日付	摘要	入金	出金	残高
	1月31日	銀行借入1,000万円	1,000	0	1,410
❶	2月1日	高級車1,000万円購入		1,000	410

「先生，これは現金と車両との交換ですね。」

「現実には重量税等は"費用"になりますが，ここでは省略していますので，そういうことになります。

さあ，ここで前項で計算した"流動比率"をもう一度計算してみますね。

$$\frac{1年以内に資金となるもの}{1年以内に支払う債務} = \frac{現金（410）}{借入金（1,000）＋買掛金（120）} = 36\%$$

前項では，100％以上でしたから優良でしたが，翌月に計算すると最悪ですよね。いかに役に立たない財務分析でしょう。ま〜分析を見るタイミングや絶対額も大切というわけですね。」

「なるほどぉ〜〜。注意しなきゃ。ところで先生，すみません。午後から予定がございまして，続きが気になるんですが，ちょっと失礼します。」

「はいはい。続きはいつでもどうぞ。恐怖と希望の館へ（笑）。」

「先生〜，脅かしっこなしですヨ〜（涙笑）。」

2月1日　P／L

費用

収益

社長が帰った「その後の物語」

K税理士は独り言のようにつぶやきました……

設備投資の失敗による倒産は多いのです。設備投資は巨額になりがちです。勢い自己資金でなく，借入に頼ることが多くなります。

この物語では，設備投資が2回出てきましたが，1回目は，8月のパソコン導入で，2回目は前頁の高級車です。

2つの設備投資の大きな違いは，パソコンは自己資金ですが高級車は借入金であることです。その結果，借入の場合は，今後の月で，返済や利息が登場してきます。すると，返済は経費にはなりませんから，さらに利益と資金のズレは大きくなり社長の感覚を麻痺させます。

社長には是非ともここまでは分かって頂きたかったのですが，今日は間に合いませんでしたね。

「本社ビルを建てると倒産する」もこの典型例です。本社ビルは収益を生み出さないからでもあります。

人は時間差攻撃に対して極めて弱いものです。利益と資金はこの時間差です。

お客様の質問で多いのが「利益が出ているから税金は払えるはずなのに，何故，我が社には現金が無いのですか？」の類です。

「利益」は変動費と固定費の違い

で，思ったよりも大きなズレが生じます。

「資金」も売掛金・買掛金・在庫でズレ，更に設備投資でズレが生じます。

しかし，いずれにしても，経営者は，否！　すべてのビジネスマンは，自社を自らの手で運転しなければなりません。それが経営を成り立たせる源です。

お金が無くなったからと言って安易に借入に走ること，支払手形に手を出すこと，果ては高利に手を出すことは麻薬と同じです。

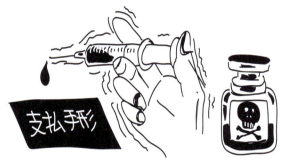

入門編である本書ではまだ語られない多くの落とし穴があります。これらはまた，社長がみえた折にでも…。

なお，本格的に研究開発を目指したい方向けに以下も最近の参考資料です。
◆　知的財産戦略本部，知的財産推進計画を決定（2019年6月25日）
　　http://mm.shojihomu.co.jp/c/b7fhacgZlTn6izat
　　　○概要はこちら　http://mm.shojihomu.co.jp/c/b7fhacgZlTn6izau
◆　特許庁「経営における知的財産戦略事例集」（2019年6月24日）
　　http://mm.shojihomu.co.jp/c/b7fhacgZlTn6iza5
　　　○「経営における知的財産戦略事例集」（2019年6月24日）
　　http://mm.shojihomu.co.jp/c/b7fhacgZlTn6iza6

あ　と　が　き

「決算書の読み方」というタイトルの講演を，何十年も前から開催してきまいた。しかし，その内容はタイトルとは真逆を話すのです。すると極めて受けが良いのです。

こうして「決算書は役立たない！　目覚めよ経営者！」と何度叫んできたことでしょうか。その結果，私の周辺では少しは変化が起こりました。

ところが，世の中全体を見渡せば，多勢に無勢とばかりに，一向に改まりません。経営では経営計画の「未来会計」こそが必要なのです。

経営者は外部に報告する為に経営をしているわけではありません。それは結果報告でしかありません。

むしろ，経営のためには未来を見据えた会計でなければなりません。そこで，経営者の本業たる経営業務においてはむしろ決算書は役に立たないということを強調したのが本書です。

いくら強調して，決算書を仮に全く否定したところで，決算書は法律で提出が義務付けられているので，その地位は身じろぎもしません。

それは正論であり当然のことです。そして経営会計の導入にはお金がほとんどかかりません。もっとも，これを全社的に整備してコンスタントに適時適切な経営データを得るようにするには体制整備のコストが必要ではあります。

したがって，それは経営のためには当然に必要なことなのです。それより高度な会計システムは，これをリンクすることはできなくはありません。しかし，それは一部のソフト会社が言うように「繋げばできる」ほど容易ではありません。多くは失敗しています。

ですから，入門にあっては，制度会計と経営会計とは，別建てとして進められることをお勧めします。

本書は，中小企業の事業承継税制において納税猶予の要件たる「認定承継計

画書」の提出が義務付けられたことを契機に急遽企画しました。

　これまでに，経営計画が義務付けられたことは数少ないことです。そしてこれほど広範な制度としては初めてと言えます。

　しかし本書の中で述べてきたように，その経営計画は極めていい加減なものです。それが現在の中小企業の全体像としては全くその通りなのです。

　義務付けられたことを奇貨として，こんなにも素晴らしい経営会計を普及しなければと急遽思い立ったのです。
　そのため中央経済社の露本編集長には無理な製作スケジュールを強いてご迷惑をお掛けしました。それにもかかわらず鋭意奮闘して頂き感謝の念に堪えません。
　会計・税務の出版社の中でリーディングカンパニーである中央経済社から世に問うていただき，世の中に蔓延している誤解を晴らし，決算書と共に必要な経営会計を広く理解していただけることを祈願しております。

　令和元年 9 月

著者

索　引

■あ　行

アイテム数 ……………………………… 88
赤字企業 …………………………… 72〜73
遊び ……… **132〜137**,149,150,167,174
閾値 ………………………………… 158〜159
一倉定 ……………………………… 31,41
いちご大福 …………………………… 157
稲盛和夫 ……………………… 43,131,**163**
受取手形 ……………………………… 207
売上原価の把握 …………………… 208〜209
売上の3要素 ……………………………… 3
売掛金 ………… **190〜195**,217,242
運転資金 ……………………… 153,**195**,219
運転（手）…… 3,8〜9,23,38〜39,45,77,
　115,243
エスカレーター理論 …………… 145〜147
N（ナンバーオブタイムズ）………… 161
お値打ち ………………… 84〜87,165〜167

■か　行

買掛金 …… 195,**212〜219**,228〜231,242
怪計 ……………………………………… 25
会計学 …………………………………… 12
会計年度 …… **32〜33**,40,46,77,80,123,
　127,138,153,169,233
掛け算 ………… **14**,22〜24,40,101,112
崖っぷち理論 …………………… 94〜95
掛け取引→信用取引
過去 …………………… 13,18,38〜39
課税公平 ……………………………… 12
価値 ……………………………… 166〜167
勝って兜の緒を締めよ ………………233

カトレア ……………………………… 157
我欲→欲求
借入金 ……………………… 236〜242
借方・貸方 …………………… 182〜183
カレーパン …………………………… 157
勘定科目 ……………………………… 183
管理会計 ……………………………… 17
機会損失 ……… **29**,40,102,105,110,165
企業会計原則 …………………………… 12
希少（性・価値）……………………… 110
Qの分離 ……………………………… 161
銀行 ……… 10,12,99,100,236〜237
KUZ ………………………………… 219
クレジットカード …………… 213,215
クロネコヤマト ……………………… 156
経営会計 ……… 17〜25,40〜41,**45〜47**,
　118,160,223
経営（者）…… 3,9,12〜14,33,38,40,48,
　50,60〜61,76〜77,87,100,110,113,11
　6,126,133,140,146,149,154〜155,174
　〜177,185,219
経営分析→財務分析
経営の目的 ……………………………… 87
継続 ……………………………… 132〜135
ゲーテ ………………………………… 181
決算書は役立たない！ …………… 1〜43
欠損金の繰越控除 ……………………… 75
減価償却 ……………………… 222〜225
原価率が低い ………………… 64〜67
研究開発 ……… 33,63,74,144,**152〜159**,
　170〜171
現金取引 ……………………… 186,190
権限移譲 ……………………………… 152

孔子 ……………………………… 134
購入頻度→N
顧客の創造 …………………………… 87
固変分解 ……………………………… 17

■さ 行

サービス業 ……………………… 68〜71
災害対策 ……………………………… 152
在庫 ……… 165,195,**198〜211**,217,242
採算 ……………………………77,81,124
財務比率(分析)……… **26〜27**,239〜241
錯覚 …………………………………… 25
差別化 ………………………………… 133
時価会計 ……………………………… 207
自家発電 ……………………………… 131
時間 ……………………………138,141,144
時間差攻撃 …………………………… 242
事業承継補助金→補助金
事業年度→会計年度
資金 ……………………… 173〜177,186〜243
試験研究費→研究開発 ………………… 33
試験研究費の税額控除
　　　　　　……………74〜75,**170〜171**
試行錯誤→シミュレーション
自己資金 ………………………220,237
シナジー→相乗効果
支払手形 ………………………207,243
シミュレーション ………18,41,**45〜113**,
　116,118,137
自由 …… **41**,52,56〜57,89,118,123,161
習慣 …………………………………… 131
終電車理論 …………………………… 93
重要度と緊急度 ………………… 138〜145
需要曲線 ……………………… 162〜163
生涯顧客価値 ………………………… 160
少子化 ……………………………54〜55
常識 …………………………………… 63

消費税 ………………………………… 207
消耗戦 ………………………………… 127
私欲→欲求
新規事業 ……………………………42〜43
死んでもQ …………………………… 93
信用取引 ……………………………… 186
心理 …………………………49,93,95
好き→遊び
STRAC(ストラック)……… 15,125,186
スピード ……………………………… 159
生産性 ………………………143,147,165
制度会計 ……… **9**,13,16〜17,21,24〜25,
　27,29〜31,33,36,40,83,100,119,176
　〜177
税務署 ……… 7,9,12,33,36,99,100
節税 ………………… 74〜75,78,127,224
設備投資 ……207,**219〜225**,243,237,242
セブンイレブン ……………………… 156
先見(性・力)……… **146〜147**,150,231
全部原価計算 ……………29,**30〜31**,40,109
戦略と戦術 …… 47,**78〜80**,99,101,112,
　137,150,173
総合芸術 ……………………………… 155
相乗効果 ……………………………**53**,55
損益分岐点 …………47,80〜81,**90〜97**

■た 行

貸借対照表→バランスシート
耐用年数 ……………………… 223〜225
棚卸 ………………………………200〜211
ダム式経営 ………………**131**,151,157
直接原価計算 ………………**29**,46,102
ツール→道具
ツケ取引→信用取引
積み預金 ……………………………… 225
デフレ ……………………………54〜55
道具 ………………34,41,90,227

特例承継計画 ………4,**42～43**,174,244
トトロ …………………………125～126
飛んでくる矢 ……………**144**,150～151

■な　行

中村屋 ……………………………157
西順一郎 ………………………15,27
日報 ………………………………105
人間心理→心理
認定承継計画 ……………………4
認定承継計画→特例承継計画
値上げ（値下げ・値引き）………18～19,
　50～59,94～95,163～164,167,231
値決め→値上げ
納税猶予 ………………………4,40-41

■は　行

バーコード・QRコード …………203
廃棄損 …………………111,199,211
働き方改革 …………78,127,147,165
バックミラー ……………………38～39
バランス感覚 ………127,153,227,232
バランスシート …………………173～243
引き算 ………**13～14**,17,23～24,40,82
　～83,101,112
日銭商売 …………………………228～229
費用収益対応の原則 ………………199
頻度→N
ブースター ………………………36～38
付加価値 …………62～63,97,**115～171**
複式簿記→簿記
複数の要素 ……**52～55**,58～59,80～87,
　99,101,112,115,122,128
負債 ……………………………212,217

ブランド …………………………153,167
古新聞 ……………………………176
粉飾 ………………………………12
平家物語 …………………………233,241
兵站 ………………………………173
変化対応業 ………………………145,149
変動費と固定費 …16～17,26,41,45,242
法人税・住民税 …………………207
ホウレンソウ ……………………152
簿記 …………6,25,100,179,181,227
補助金 ……………………………41,147
POS………………………………203
ホモサピエンス …………………133

■ま　行

松下幸之助 ………………………131
真似る ……………………………154～157
万引き ……………………………203,209
見積（書）………………30,108～109

■や　行

陽転思考 …………………………131,**136**
吉野屋 ……………………………157
与信管理 …………………………213
欲求 ……………**134～135**,150～151,174

■ら　行

利益感度分析 ………47,**62～81**,99,101,
　112,126,128,137,153,162,164
利子税 ……………………………41
リスク（対策）…………………49,146
利は元にあり ……………………57
ロジスティクス …………………173

著者紹介 ——————————————————————————

牧口　晴一　昭和28年生まれ　慶應義塾大学卒業。昭和59年税理士試験 5 科目合格。名古屋大学大学院法学研究科　博士課程（前期課程）修了　修士（法学）。
　　　　　　税理士，行政書士，牧口会計事務所所長，株式会社マネジメントプラン　代表取締役社長。
　　　　　　＜事務所＞〒501－0118　岐阜市大菅北 4 －31
　　　　　　TEL　058－252－6255　FAX　058－252－6512
　　　　　　http://www.makigutikaikei.com/

齋藤　孝一　昭和24年生まれ　早稲田大学卒業。平成 2 年税理士試験 5 科目合格。名古屋大学大学院法学研究科　博士課程（後期課程）単位取得。
　　　　　　名古屋商科大学大学院教授，法学博士，税理士，中小企業診断士，CFP，日本公認会計士協会準会員，ミッドランド税理士法人　理事長，株式会社マックコンサルタンツ代表取締役　社長兼会長。
　　　　　　＜事務所＞〒450－6421　愛知県名古屋市中村区名駅 3 －28－12 大名古屋ビルヂング21Ｆ
　　　　　　TEL　052－261－6815　FAX　052－433－1308
　　　　　　http://www.mac-g.co.jp

著書の共著紹介 ——————————————————————————

『イラストでわかる中小企業経営者のための新会社法』2006年 3 月　経済法令
『逐条解説　中小企業・大企業子会社のためのモデル定款』2006年 7 月　第一法規
『イラスト＆図解　中小企業経営に活かす税制改正と会社法』2007年10月　経済法令
『事業承継に活かす従業員持株会の法務・税務（第 3 版）』2015年10月　中央経済社
『事業承継に活かす持分会社・一般社団法人・信託の法務・税務』2015年12月　中央経済社
『非公開株式譲渡の法務・税務（第 5 版）』2017年 6 月　中央経済社
『組織再編・資本等取引をめぐる税務の基礎（第 3 版）』2017年10月　中央経済社
『図解＆イラスト　中小企業の事業承継（十訂版）』2019年 5 月　清文社
『事業承継に活かす納税猶予・免除の実務（第 3 版）』2019年 7 月　中央経済社

決算書は役に立たない！　経営計画会計入門

2019年9月20日　第1版第1刷発行

<table>
<tr><td>著　者</td><td>牧　口　晴　一</td></tr>
<tr><td></td><td>齋　藤　孝　一</td></tr>
<tr><td>発行者</td><td>山　本　　　継</td></tr>
<tr><td>発行所</td><td>㈱中　央　経　済　社</td></tr>
<tr><td>発売元</td><td>㈱中央経済グループ
パ ブ リ ッ シ ン グ</td></tr>
</table>

〒101-0051　東京都千代田区神田神保町1-31-2
電　話　03(3293)3371(編集代表)
　　　　03(3293)3381(営業代表)
http://www.chuokeizai.co.jp/
印刷／東光整版印刷㈱
製本／誠　製　本　㈱

ⓒ 牧口晴一，齋藤孝一 2019
Printed in Japan

＊頁の「欠落」や「順序違い」などがありましたらお取り替えいた
しますので発売元までご送付ください。(送料小社負担)

ISBN 978-4-502-31911-2　C3034

JCOPY〈出版者著作権管理機構委託出版物〉本書を無断で複写複製（コピー）することは，
著作権法上の例外を除き，禁じられています。本書をコピーされる場合は事前に出版者
著作権管理機構（JCOPY）の許諾を受けてください。
JCOPY〈http://www.jcopy.or.jp　eメール：info@jcopy.or.jp〉

●実務・受験に愛用されている読みやすく正確な内容のロングセラー！

定評ある税の法規・通達集シリーズ

所 得 税 法 規 集
日本税理士会連合会 編
中 央 経 済 社

❶所得税法　❷同施行令・同施行規則・同関係告示　❸租税特別措置法（抄）　❹同施行令・同施行規則・同関係告示（抄）　❺震災特例法・同施行令・同施行規則（抄）　❻復興財源確保法（抄）　❼復興特別所得税に関する政令・同省令　❽災害減免法・同施行令（抄）　❾国外送金等調書提出法・同施行令・同施行規則・同関係告示

所得税取扱通達集
日本税理士会連合会 編
中 央 経 済 社

❶所得税取扱通達（基本通達／個別通達）　❷租税特別措置法関係通達　❸国外送金等調書提出法関係通達　❹災害減免法関係通達　❺震災特例法関係通達　❻索引

法 人 税 法 規 集
日本税理士会連合会 編
中 央 経 済 社

❶法人税法　❷同施行令・同施行規則・法人税申告書一覧表　❸減価償却耐用年数省令　❹法人税法関係告示　❺地方法人税法・同施行令・同施行規則　❻租税特別措置法（抄）　❼同施行令・同施行規則・同関係告示　❽震災特例法・同施行令・同施行規則（抄）　❾復興財源確保法（抄）　❿復興特別法人税に関する政令・同省令　⓫租特透明化法・同施行令・同施行規則

法人税取扱通達集
日本税理士会連合会 編
中 央 経 済 社

❶法人税取扱通達（基本通達／個別通達）　❷租税特別措置法関係通達（法人税編）　❸連結納税基本通達　❹租税特別措置法関係通達（連結納税編）　❺減価償却耐用年数省令　❻機械装置の細目と個別年数　❼耐用年数の適用等に関する取扱通達　❽震災特例法関係通達　❾復興特別法人税関係通達　❿索引

相続税法規通達集
日本税理士会連合会 編
中 央 経 済 社

❶相続税法　❷同施行令・同施行規則・同関係告示　❸土地評価審議会令・同省令　❹相続税法基本通達　❺財産評価基本通達　❻相続税法個別通達　❼租税特別措置法　❽同施行令・同施行規則（抄）・同関係告示　❾租税特別措置法（相続税法の特例）関係通達　❿震災特例法・同施行令・同施行規則（抄）・同関係告示　⓫震災特例法関係通達　⓬災害減免法・同施行令（抄）　⓭国外送金等調書提出法・同施行令・同施行規則・同関係通達　⓮民法（抄）

国税通則・徴収法規集
日本税理士会連合会 編
中 央 経 済 社

❶国税通則法　❷同施行令・同施行規則・同関係告示　❸同関係通達　❹租税特別措置法・同施行令・同施行規則（抄）　❺国税徴収法　❻同施行令・同施行規則　❼滞調法・同施行令・同施行規則　❽税理士法・同施行令・同施行規則・同関係告示　❾電子帳簿保存法・同施行規則・同関係告示・同関係通達　❿行政手続オンライン化法・同国税関係法令に関する省令・同関係告示　⓫行政手続法　⓬行政不服審査法　⓭行政事件訴訟法（抄）　⓮組織的犯罪処罰法（抄）　⓯没収保全と滞納処分との調整令　⓰犯罪収益規則　⓱麻薬特例法

消費税法規通達集
日本税理士会連合会 編
中 央 経 済 社

❶消費税法　❷同別表第三等に関する法令　❸同施行令・同施行規則・同関係告示　❹消費税法基本通達　❺消費税申告書様式等　❻消費税法関係取扱通達等　❼租税特別措置法（抄）　❽同施行令・同関係通達　❾消費税転嫁対策法・同ガイドライン　❿震災特例法・同施行令（抄）・同関係告示　⓫震災特例法関係通達　⓬税制改革法等　⓭地方税法（抄）　⓮同施行令・同施行規則（抄）　⓯所得税・法人税政省令（抄）　⓰輸徴法等　⓱関税法令（抄）　⓲関税定率法令（抄）

登録免許税・印紙税法規集
日本税理士会連合会 編
中 央 経 済 社

❶登録免許税法　❷同施行令・同施行規則　❸租税特別措置法・同施行令・同施行規則（抄）　❹震災特例法・同施行令・同施行規則（抄）　❺印紙税法　❻同施行令・同施行規則　❼印紙税法基本通達　❽租税特別措置法・同施行令・同施行規則（抄）　❾印紙税額一覧表　❿震災特例法・同施行令・同施行規則（抄）　⓫震災特例法関係通達等

中央経済社